비문학 독해

사회편 2 단계 (1, 2학년)

비문학 독해

사회편 2단계 (1, 2학년)

WRITERS

미래엔콘텐츠연구회 & 김진아, 이은영, 정지민, 조현주

미래엔콘텐츠연구회는 No1. Contents를 개발합니다.

COPYRIGHT

인쇄일 2023년 8월 7일(1판3쇄)
발행일 2022년 12월 1일

펴낸이 신광수
펴낸곳 (주)미래엔
등록번호 제16-67호

융합콘텐츠개발실 황은주
개발책임 정은주
개발 김지민, 김현경

디자인실장 손현지
디자인책임 김병석, 김기욱
디자인 이돈일, 김단비

CS본부장 강윤구
제작책임 강승훈

ISBN 979-11-6841-056-5

이 책의 **머리말**

우리는 수많은 글에 둘러싸여 살아가고 있습니다.
이야기책이나 교과서 글뿐 아니라,
전단의 광고 문구, 가정 통신문의 안내 글,
인터넷 속의 다양한 자료와 글 …

그래서 우리는 글과 자료에 담긴 지식과 정보를
정확하게 이해하고 해석하는 능력을 키워야 합니다.
단순히 글자를 눈으로 읽어 내는 것이 아니라,
사실을 확인하고 의미를 이해하고 핵심을 파악해야
제대로 독해했다고 볼 수 있습니다.

하루 한장 독해의 비문학 독해 사회편은
우리가 궁금해 하는 사회의 폭넓은 이야기를 통해
제대로 독해하는 능력을 키우는 교재입니다.

하루에 한 장씩! 독해의 세계로 떠나 볼까요?

이 책의

구성과 특징

재미있게 3 4 5 학습해요!

매일매일
'매체 독해+글 독해+하루 어휘'
3가지 학습을 할 수 있어요.

블렌디드 러닝인
4번째 학습으로 배경지식을
넓히고 심화시킬 수 있어요.

25일차 구성으로
하루 한 장씩 학습하면
5주에 완성할 수 있어요.

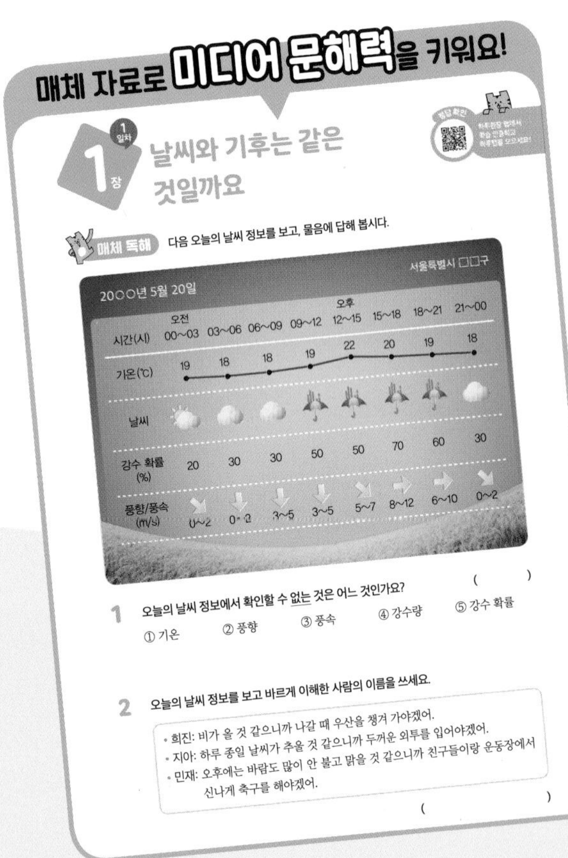

매체 자료로 미디어 문해력을 키워요!

1일차 1장 날씨와 기후는 같은 것일까요

매체 독해 다음 오늘의 날씨 정보를 보고, 물음에 답해 봅시다.

서울특별시 □□구

20○○년 5월 20일

시간(시)	오전 00~03	03~06	06~09	09~12	오후 12~15	15~18	18~21	21~00
기온(℃)	19	18	18	19	22	20	19	18
날씨								
강수 확률(%)	20	30	30	50	50	70	60	30
풍향/풍속(m/s)	0~2	0~2	3~5	3~5	5~7	8~12	6~10	0~2

1 오늘의 날씨 정보에서 확인할 수 없는 것은 어느 것인가요? (　　)
① 기온 ② 풍향 ③ 풍속 ④ 강수량 ⑤ 강수 확률

2 오늘의 날씨 정보를 보고 바르게 이해한 사람의 이름을 쓰세요.

- 희진: 비가 올 것 같으니까 나갈 때 우산을 챙겨 가야겠어.
- 지아: 하루 종일 날씨가 추울 것 같으니까 두꺼운 외투를 입어야겠어.
- 민재: 오후에는 바람도 많이 안 불고 맑을 것 같으니까 친구들이랑 운동장에서 신나게 축구를 해야겠어.

(　　　　)

폭넓은 사회 이야기로 공부력을 키워요!

글 독해 다음 글을 읽고, 물음에 답해 봅시다.

우리는 '날씨'와 '기후'라는 말을 흔히 사용합니다. 그렇다면 날씨와 기후는 어떤
차이가 있는 것일까요? 날씨는 하루 정도 짧은 기간의 ❶대기 상태를 말합니다. 일기
예보에서 전하는 그날그날의 ❷기온, 비, 구름, 바람 따위가 나타나는 대기 상태가 날
씨입니다. 어떤 날은 덥고 어떤 날은 춥고, 어떤 날은 맑고 어떤 날은 흐리고 비가 오
는 등 날씨는 매일 변합니다.

반면에 기후는 오랜 기간 한 지역에서 나타나는 ❸평균적인 대기 상태를 말합니다.
기후는 어떤 지역에서 30년 이상의 여러 해에 걸쳐 나타난 날씨 변화를 관찰하여 평
균을 낸 것이기 때문에 한 장소에서 순간순간 변하는 대기 상태인 날씨와 구별됩니
다. 기후는 날씨만큼 자주 변하지는 않지만, 전혀 변하지 않는 것은 아닙니다. 계절에
따라 달라지기도 하고 해가 바뀌면서 변하기도 합니다.

기후가 어떠한지 설명할 때에는 주로 기온은 어떠한지, 비나 눈은 얼마나 오는지,
또 바람이 어떻게 부는지를 이야기해야 합니다. 이러한 기온, ❹강수량, 바람의 세 가
지 요소를 기후의 3요소라고 합니다. 기후에 영향을 미치는 기후 요소에는 기온, 강
수량, 바람 외에도 ❺습도, 햇볕의 양, ❻안개 등 여러 가지가 있습니다. 어떤 지역의 기
후를 파악하기 위해서는 이러한 기후 요소를 분석한 후 종합해서 살펴보아야 합니다.

❶ **대기**: 지구를 둘러싸고 있는 모든 공기.
❷ **기온**: 공기의 온도.
❸ **평균**: 여러 사물의 질이나 양 따위를 통일적으로 고르게 한 것.
❹ **강수량**: 일정한 곳에 일정 기간 동안 내린 눈, 비 따위의 물의 양.
❺ **습도**: 공기 중에 수증기가 들어 있는 정도.
❻ **안개**: 땅 가까이에 아주 작은 물방울이 김처럼 부옇게 떠 있는 것.

배경+지식 넓히기

일기 예보

체험 학습이나 나들이 등 바깥 활동을 계획할 때 가장 먼저 확인해야 할 것은 무엇일까요? 바로 날씨 정보입니다. 날씨 정보는 텔레비전 뉴스, 인터넷, 신문 기사, 전화(131번) 등의 다양한 매체를 통해 쉽게 알 수 있습니다. 이렇게 앞으로의 날씨를 예상하여 미리 알려 주는 것을 일기 예보라고 합니다. 일기 예보는 몇 시간 뒤의 날씨, 일주일 간의 날씨 등을 알려 줍니다.

- **미디어 문해력이란?** 매체가 제공하는 다양한 정보를 해석하고 이해하는 능력입니다.
- **그래서 매체 독해가 필요해요!** 일상생활에서 각종 매체를 통해 제공되는 카드 뉴스, 광고, 그래프 등을 이해하고 해석하는 힘을 키울 수 있습니다.
- **사회 교과 연계로 학습 자신감이 생겨요!** 초등 사회 교과서와 연계하여 선정한 주제로 독해 실력은 물론, 사회 학습의 자신감도 키울 수 있습니다.
- **배경지식을 넓혀요!** 주제와 관련된 글 자료, 영상 자료로 깊이 있는 학습을 할 수 있어요.

똑똑하게 독해의 힘을 키워요!

비문학 독해의 힘	글을 구조화하여 읽으며 글 속의 지식과 정보를 파악하는 힘을 키워요.
매체 독해의 힘	미디어로 둘러싸인 환경 속에서 매체 정보를 해석하고 이해하는 힘을 키워요.
하루 한 장의 힘	많은 학습량을 욕심내지 않고 하루에 한 장으로 꾸준하게 공부하는 힘을 키워요.
블렌디드 러닝의 힘	글을 읽다가 꼬리를 물고 이어지는 궁금증을 스스로 해결하는 힘을 키워요.

다양한 문제로 비문학 독해력을 키워요!

1 이 글의 중심 내용으로 알맞은 것은 어느 것인가요? ( )
① 일기 예보 ② 날씨와 기후 ③ 날씨의 특징
④ 강수량의 뜻 ⑤ 기후의 3요소

2 다음 낱말의 뜻으로 알맞은 것을 선으로 이어 보세요.
기후 • • 하루 정도 짧은 기간의 대기 상태.
날씨 • • 오랜 기간 한 지역에서 나타나는 평균적인 대기 상태.

3 이 글의 내용으로 알맞은 것을 보기에서 골라 기호를 쓰세요.
보기
㉠ 날씨, 기온, 기후는 모두 같은 말이다.
㉡ 기후는 날씨와 달리 전혀 변하지 않는다.
㉢ 기후는 오랜 기간 한 지역의 날씨 변화를 보고 평균을 낸 것이다.
㉣ 기온, 강수량, 바람 등이 변화한 것을 여러 해에 걸쳐 관찰하여 평균을 내면 날씨를 알 수 있다.
( )

4 다음 빈칸에 공통으로 들어갈 알맞은 말을 쓰세요.
기후에 영향을 미치는 ( )에는 기온, 강수량, 바람, 습도, 햇볕의 양, 안개 등 여러 가지가 있다. 어떤 지역의 기후를 파악하기 위해서는 ( )을/를 분석한 후 종합해서 살펴보아야 한다.
( )

5 기후의 3요소를 모두 골라 색칠하세요.
기온 바람 습도 안개 강수량 햇볕의 양

매일매일 어휘력을 키워요!

하루 어휘

1 다음 낱말의 뜻으로 알맞은 것을 선으로 이어 보세요.
습도 • • 공기 중에 수증기가 들어 있는 정도.
안개 • • 여러 사물의 질이나 양 따위를 통일적으로 고르게 한 것.
평균 • • 땅 가까이에 아주 작은 물방울이 김처럼 부옇게 떠 있는 것.

2 다음 초성을 참고하여 문장의 빈칸에 공통으로 들어갈 알맞은 낱말을 쓰세요.
(1) 언니는 1학년 때부터 매일 ㅇ ㄱ 을/를 썼다. / 아침에 ㅇ ㄱ 예보를 보니 비가 올 것이라고 하였다.
(2) 자동차 수가 늘어나면서 ㄷ ㄱ 오염이 심각해졌다. / 그 병원은 진료를 받으려면 오래 시간 ㄷ ㄱ 해야 한다.

3 다음 빈칸에 들어갈 말의 뜻을 보고, 알맞은 낱말을 보기에서 찾아 쓰세요.
보기 공기 기후 열기
(1) 한낮에는 ☐☐ 때문에 바깥에 나가기가 싫다. └ 뜨거운 기운.
(2) 지구 온난화 때문에 ☐☐ 의 변화가 심해지고 있다. └ 오랜 기간 한 지역에서 나타나는 평균적인 대기 상태.
(3) 우리 가족은 주말이면 동네 뒷산에 올라가 맑은 ☐☐ 을/를 마신다. └ 지구를 둘러싸고 있는 색과 냄새가 없는 기체.

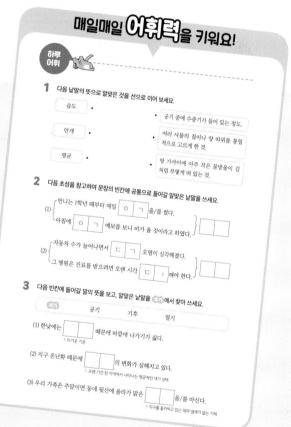

- **핵심을 파악하는 힘을 키워요!** 제목 정하기, 세부 내용 확인하기, 중심 내용 찾기 등의 문제를 통해 글의 핵심을 파악하는 힘을 키웁니다.
- **확장하여 생각하는 힘을 키워요!** 의견 나누기, 미루어 짐작하기, 다른 사례에 적용하기 등의 문제를 통해 확장하여 생각하는 힘을 키웁니다.
- **기본적인 뜻과 쓰임을 익혀요!** 새롭게 알게 된 낱말의 기본적인 뜻과 문맥 속에서의 쓰임을 익힙니다.
- **관련 어휘를 함께 공부해요!** 비슷하거나 반대의 뜻을 가지고 있는 말, 헷갈리는 말 등을 묶어서 공부하며 어휘력을 키웁니다.

이 책의
차례

주제 1 계절마다 다른 날씨

주제 2 사회 속의 나

주제 3 소중한 가족

주제 4 우리 동네, 우리 고장

주제 5 세계의 여러 나라

바른답 · 알찬풀이

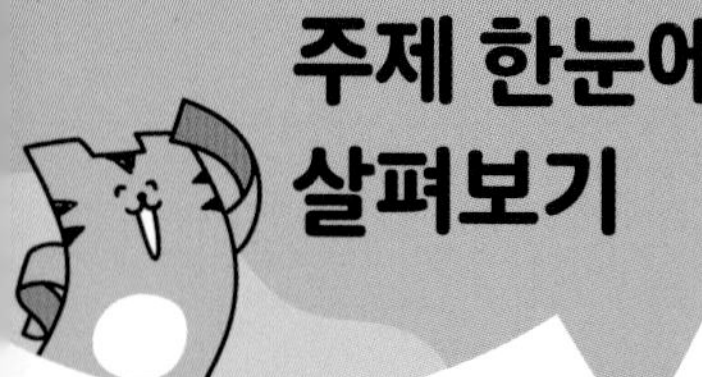

하루 한장 비문학 독해

주제 한눈에 살펴보기

비문학 독해 과학편❶~❻

1~2 학년	❶ 단계	**주제1** 우리 주변의 식물	**주제2** 나의 몸	**주제3** 계절과 날씨	**주제4** 고마운 에너지	**주제5** 소중한 물
		우리 주변에서 볼 수 있는 식물의 특징을 살펴보자.	눈, 귀, 코, 혀 등 우리 몸이 하는 일을 살펴보자.	우리나라 사계절의 특징과 날씨, 일기 예보에 대해 알아보자.	에너지의 뜻과 에너지를 절약하는 방법을 알아보자.	물의 세 가지 상태와 물의 중요성을 알아보자.
	❷ 단계	**주제1** 우리 주변의 동물	**주제2** 안전한 생활	**주제3** 우리가 사는 지구	**주제4** 소리의 세계	**주제5** 물질의 성질
		우리 주변에서 볼 수 있는 동물의 특징을 살펴보자.	우리가 질병이나 사고로부터 안전하게 생활할 수 있는 방법을 알아보자.	우리가 지구에서 사는 까닭과 지구에서 볼 수 있는 자연환경을 살펴보자.	소리의 성질과 소음을 줄이는 방법을 알아보자.	물체와 물질의 차이를 알아보고, 물질의 성질이 생활에 이용되는 예를 살펴보자.
3~4 학년	❸ 단계	**주제1** 동물 이야기	**주제2** 자석 이야기	**주제3** 지구의 모습	**주제4** 지표의 변화	**주제5** 물질의 상태
		동물의 암수 구별과 배추흰나비와 개의 한살이에 대해 알아보자.	자석의 성질을 알아보고, 일상생활에서 자석을 활용한 예를 살펴보자.	지구의 탄생 과정과 지구의 다양한 모습에 대해 알아보자.	물이나 바람 등에 의해 지표가 변하고 있는 여러 모습을 살펴보자.	물질의 세 가지 상태의 특징을 이해하고, 물질을 세 가지 상태로 분류해 보자.
	❹ 단계	**주제1** 지구의 변화	**주제2** 물체의 무게	**주제3** 그림자와 거울	**주제4** 식물 이야기	**주제5** 물질의 변화
		지층과 화석, 화산과 지진 등 지구의 변화에 대해 알아보자.	저울의 원리를 알아보고, 무게와 질량의 차이점을 살펴보자.	빛을 이용한 정보 전달, 그림자와 거울에 대해 알아보자.	꽃가루받이, 식물의 한살이, 사는 곳에 따른 식물의 특징 등을 살펴보자.	물의 상태 변화로 일어나는 현상을 알아보고, 이를 활용한 예를 살펴보자.
5~6 학년	❺ 단계	**주제1** 다양한 기상 현상	**주제2** 다양한 생물과 환경	**주제3** 신비한 우주	**주제4** 산과 염기 이야기	**주제5** 온도와 열 이야기
		대기 중에서 일어나는 다양한 기상 현상을 살펴보자.	다양한 생물이 우리 생활과 환경에 어떤 영향을 주는지 알아보자.	천체, 우주 탐사와 우주 개발에 대해 알아보자.	산과 염기의 특징을 이해하고, 우리 생활에서 이용되는 예를 알아보자.	온도와 열의 의미를 이해하고, 열의 이동 방법을 알아보자.
	❻ 단계	**주제1** 전기 이야기	**주제2** 재미있는 기체 이야기	**주제3** 지구의 운동과 달의 운동	**주제4** 식물의 구조와 기능	**주제5** 우리 몸의 구조와 기능
		우리 생활을 편리하게 해 주는 전기에 대해 알아보자.	기체의 성질과 예를 살펴보고, 온도와 압력에 따른 기체의 부피 변화를 알아보자.	지구의 운동과 달의 운동에 의해 나타나는 자연 현상에 대해 배워 보자.	식물은 어떤 구조로 이루어져 있으며, 각 기관이 하는 일을 살펴보자.	우리 몸속 기관이 하는 일과 자극이 전달되고 반응하는 과정 등을 알아보자.

비문학 독해 사회편❶~❻

알고 싶은 주제, 재미있는 주제가 있다면 스스로 찾아 먼저 공부해도 좋아요!

단계	주제1	주제2	주제3	주제4	주제5	주제6
❶단계	주제1 작은 사회, 학교	주제2 계절에 따라 다른 생활 모습	주제3 소중한 우리 가족	주제4 명절과 세시 풍속	주제5 자랑스러운 우리나라	
	학교에서의 바르고 안전한 생활에 대해 알아보자.	사계절의 날씨와 특징, 생활 모습을 살펴보자.	옛날과 오늘날의 가족 형태, 호칭을 배워 보자.	설날과 추석, 열두 달의 세시 풍속을 알아보자.	세계에 자랑할 만한 우리의 문화를 살펴보자.	
❷단계	주제1 계절마다 다른 날씨	주제2 사회 속의 나	주제3 소중한 가족	주제4 우리 동네, 우리 고장	주제5 세계의 여러 나라	
	날씨와 기후를 구분하고, 계절별 날씨를 살펴보자.	사회화, 직업 선택, 저축과 소비에 대해 배워 보자.	가족의 형태, 가족 구성원의 역할 변화를 알아보자.	공공시설, 사람들의 직업 등 고장의 모습을 살펴보자.	세계 여러 나라의 의식주 생활 모습을 살펴보자.	
❸단계	주제1 우리가 사는 고장	주제2 우리나라의 전통	주제3 교통과 통신의 발달	주제4 다양한 의식주 생활 모습	주제5 도구의 변화, 달라진 생활 모습	주제6 오늘날의 가족 모습
	고장의 환경과 사람들의 생활 모습을 살펴보자.	오늘날까지 이어져 온 우리의 전통을 알아보자.	교통·통신의 발달로 나타난 생활의 변화를 알아보자.	자연환경에 따라 다른 다양한 생활 모습을 살펴보자.	여러 도구의 발달로 나타난 생활의 변화를 알아보자.	결혼식 모습과 다양한 가족 형태를 살펴보자.
❹단계	주제1 지도 속 세상	주제2 사람들이 살아가는 곳	주제3 소중한 문화유산	주제4 공공 기관과 주민 참여	주제5 경제 활동	주제6 사회 변화로 나타난 생활 속 변화
	지도의 기본 요소, 지도의 이용에 대해 알아보자.	삶의 터전으로서 도시와 촌락의 모습을 비교해 보자.	우리나라의 소중한 문화유산을 살펴보자.	공공 기관과 다수결의 원칙에 대해 배워 보자.	생산과 소비, 수요와 공급, 경제적 교류 등 경제 활동에 대해 알아보자.	세계화, 정보화, 고령화 등으로 나타난 변화 모습을 살펴보자.
❺단계	주제1 우리 국토의 위치와 영역	주제2 우리나라의 자연환경	주제3 우리나라의 인문 환경	주제4 인권을 존중하는 사회	주제5 일상생활과 법	
	우리나라의 위치와 영토, 영해, 영공으로 이루어진 영역을 살펴보자.	우리나라 지형과 기후의 특징, 자연재해의 종류를 알아보자.	우리나라의 도시와 인구 성장, 산업과 교통 발달에 대해 배워 보자.	인권의 중요성과 인권을 지키기 위한 다양한 노력을 살펴보자.	헌법을 비롯하여 생활 속에서 접할 수 있는 다양한 법을 배워 보자.	
❻단계	주제1 민주 정치의 발전	주제2 시장과 경제	주제3 세계의 자연환경	주제4 세계 여러 지역의 삶의 모습	주제5 살기 좋은 지구촌	
	우리나라의 민주 정치의 발전 과정과 선거에 대해 배워 보자.	우리나라의 경제 성장 과정과 경제 교류의 모습을 살펴보자.	세계 여러 나라의 국토 모습, 지형과 기후의 특징을 알아보자.	우리와 가까운 나라들, 세계의 종교와 문화에 대해 배워 보자.	국제 분쟁과 환경 문제, 살기 좋은 지구를 만들기 위한 노력을 살펴보자.	

주제 1

계절마다 다른 날씨

이번 주에 공부할 내용에 대한
주간 학습 계획을 세워 보세요.

공부할 내용		교과 연계	공부한 날	스스로 평가
1장	날씨와 기후는 같은 것일까요	봄 2-1 [2단원], 사회 3-2 [1단원]	월 일	
2장	우리나라의 봄	봄 2-1 [2단원], 사회 3-2 [1단원]	월 일	
3장	여름에 비가 많이 오는 우리나라	여름 2-1 [2단원], 사회 3-2 [1단원]	월 일	
4장	가을 방학은 왜 없나요	가을 2-2 [2단원], 사회 3-2 [1단원]	월 일	
5장	우리나라의 겨울에 눈이 많이 오는 곳	겨울 2-2 [2단원], 사회 3-2 [1단원]	월 일	

1
일차
1
장

날씨와 기후는 같은 것일까요

정답 확인
하루한장 앱에서
학습 인증하고
하루템을 모으세요!

매체 독해

다음 오늘의 날씨 정보를 보고, 물음에 답해 봅시다.

20○○년 5월 20일 서울특별시 □□구

	오전				오후			
시간(시)	00~03	03~06	06~09	09~12	12~15	15~18	18~21	21~00
기온(℃)	19	18	18	19	22	20	19	18
날씨								
강수 확률(%)	20	30	30	50	50	70	60	30
풍향/풍속(m/s)	0~2	0~2	3~5	3~5	5~7	8~12	6~10	0~2

1 오늘의 날씨 정보에서 확인할 수 <u>없는</u> 것은 어느 것인가요? ( )

① 기온 ② 풍향 ③ 풍속 ④ 강수량 ⑤ 강수 확률

2 오늘의 날씨 정보를 보고 바르게 이해한 사람의 이름을 쓰세요.

- 희진: 비가 올 것 같으니까 나갈 때 우산을 챙겨 가야겠어.
- 지아: 하루 종일 날씨가 추울 것 같으니까 두꺼운 외투를 입어야겠어.
- 민재: 오후에는 바람도 많이 안 불고 맑을 것 같으니까 친구들이랑 운동장에서 신나게 축구를 해야겠어.

( )

글 독해 다음 글을 읽고, 물음에 답해 봅시다.

우리는 '날씨'와 '기후'라는 말을 흔히 사용합니다. 그렇다면 날씨와 기후는 어떤 차이가 있는 것일까요? 날씨는 하루 정도 짧은 기간의 ❶대기 상태를 말합니다. 일기 예보에서 전하는 그날그날의 ❷기온, 비, 구름, 바람 따위가 나타나는 대기 상태가 날씨입니다. 어떤 날은 덥고 어떤 날은 춥고, 어떤 날은 맑고 어떤 날은 흐리고 비가 오는 등 날씨는 매일 변합니다.

반면에 기후는 오랜 기간 한 지역에서 나타나는 ❸평균적인 대기 상태를 말합니다. 기후는 어떤 지역에서 30년 이상의 여러 해에 걸쳐 나타난 날씨 변화를 관찰하여 평균을 낸 것이기 때문에 한 장소에서 순간순간 변하는 대기 상태인 날씨와 구별됩니다. 기후는 날씨만큼 자주 변하지는 않지만, 전혀 변하지 않는 것은 아닙니다. 계절에 따라 달라지기도 하고 해가 바뀌면서 변하기도 합니다.

기후가 어떠한지 설명할 때에는 주로 기온은 어떠한지, 비나 눈은 얼마나 오는지, 또 바람이 어떻게 부는지를 이야기해야 합니다. 이러한 기온, ❹강수량, 바람의 세 가지 요소를 기후의 3요소라고 합니다. 기후에 영향을 미치는 기후 요소에는 기온, 강수량, 바람 외에도 ❺습도, 햇볕의 양, ❻안개 등 여러 가지가 있습니다. 어떤 지역의 기후를 파악하기 위해서는 이러한 기후 요소를 분석한 후 종합해서 살펴보아야 합니다.

---

❶ **대기**: 지구를 둘러싸고 있는 모든 공기.
❷ **기온**: 공기의 온도.
❸ **평균**: 여러 사물의 질이나 양 따위를 통일적으로 고르게 한 것.
❹ **강수량**: 일정한 곳에 일정 기간 동안 내린 눈, 비 따위의 물의 양.
❺ **습도**: 공기 중에 수증기가 들어 있는 정도.
❻ **안개**: 땅 가까이에 아주 작은 물방울이 김처럼 부옇게 떠 있는 것.

일기 예보

체험 학습이나 나들이 등 바깥 활동을 계획할 때 가장 먼저 확인해야 할 것은 무엇일까요? 바로 날씨 정보입니다. 날씨 정보는 텔레비전 뉴스, 인터넷, 신문 기사, 전화(131번) 등의 다양한 매체를 통해 쉽게 알 수 있습니다. 이렇게 앞으로의 날씨를 예상하여 미리 알려 주는 것을 일기 예보라고 합니다. 일기 예보는 몇 시간 뒤의 날씨, 일주일 간의 날씨 등을 알려 줍니다.

1 이 글의 중심 내용으로 알맞은 것은 어느 것인가요? (　　　)

① 일기 예보　② 날씨와 기후　③ 날씨의 특징
④ 강수량의 뜻　⑤ 기후의 3요소

2 다음 낱말의 뜻으로 알맞은 것을 선으로 이어 보세요.

낱말		뜻
기후 •		• 하루 정도 짧은 기간의 대기 상태.
날씨 •		• 오랜 기간 한 지역에서 나타나는 평균적인 대기 상태.

3 이 글의 내용으로 알맞은 것을 보기에서 골라 기호를 쓰세요.

보기
㉠ 날씨, 기온, 기후는 모두 같은 말이다.
㉡ 기후는 날씨와 달리 전혀 변하지 않는다.
㉢ 기후는 오랜 기간 한 지역의 날씨 변화를 보고 평균을 낸 것이다.
㉣ 기온, 강수량, 바람 등이 변화한 것을 여러 해에 걸쳐 관찰하여 평균을 내면 날씨를 알 수 있다.

(　　　　　)

4 다음 빈칸에 공통으로 들어갈 알맞은 말을 쓰세요.

기후에 영향을 미치는 (　　　　)에는 기온, 강수량, 바람, 습도, 햇볕의 양, 안개 등 여러 가지가 있다. 어떤 지역의 기후를 파악하기 위해서는 (　　　　)을/를 분석한 후 종합해서 살펴보아야 한다.

(　　　　　)

5 기후의 3요소를 모두 골라 색칠하세요.

기온	바람	습도	안개	강수량	햇볕의 양

하루 어휘

1 다음 낱말의 뜻으로 알맞은 것을 선으로 이어 보세요.

낱말		뜻
습도 •		• 공기 중에 수증기가 들어 있는 정도.
안개 •		• 여러 사물의 질이나 양 따위를 통일적으로 고르게 한 것.
평균 •		• 땅 가까이에 아주 작은 물방울이 김처럼 부옇게 떠 있는 것.

2 다음 초성을 참고하여 문장의 빈칸에 공통으로 들어갈 알맞은 낱말을 쓰세요.

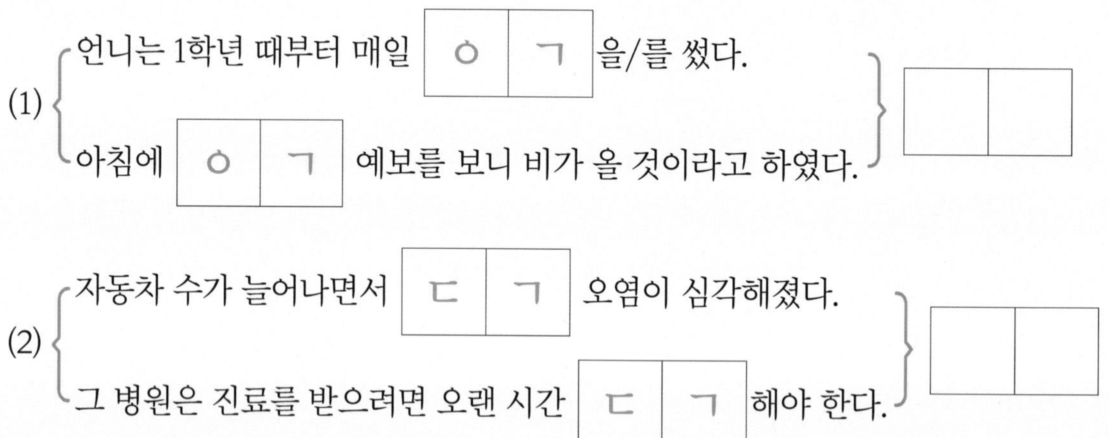

(1) 언니는 1학년 때부터 매일 [ㅇ][ㄱ]을/를 썼다.
아침에 [ㅇ][ㄱ] 예보를 보니 비가 올 것이라고 하였다. → [ ][ ]

(2) 자동차 수가 늘어나면서 [ㄷ][ㄱ] 오염이 심각해졌다.
그 병원은 진료를 받으려면 오랜 시간 [ㄷ][ㄱ]해야 한다. → [ ][ ]

3 다음 빈칸에 들어갈 말의 뜻을 보고, 알맞은 낱말을 보기에서 찾아 쓰세요.

보기 공기 기후 열기

(1) 한낮에는 [ ][ ] 때문에 바깥에 나가기가 싫다.
└ 뜨거운 기운.

(2) 지구 온난화 때문에 [ ][ ]의 변화가 심해지고 있다.
└ 오랜 기간 한 지역에서 나타나는 평균적인 대기 상태.

(3) 우리 가족은 주말이면 동네 뒷산에 올라가 맑은 [ ][ ]을/를 마신다.
└ 지구를 둘러싸고 있는 색과 냄새가 없는 기체.

2
일차
2
장

우리나라의 봄

정답 확인
하루한장 앱에서
학습 인증하고
하루템을 모으세요!

매체 독해

다음 뉴스 화면을 보고, 물음에 답해 봅시다.

같은 듯 다른, 황사와 미세 먼지

구분	황사	미세 먼지
의미	중국이나 몽골의 사막에서 발생한 작은 모래 먼지가 우리나라까지 날아와 가라앉는 현상	사람의 눈에 보이지 않는 작은 크기의 먼지로, 자동차의 배기가스, 공장 등에서 나오는 매연 때문에 발생
발생 시기	주로 봄에 발생	계절과 시기에 상관없이 발생

3월 15일 월요일 저녁 뉴스입니다. 오늘도 미세 먼지로 푸른 하늘을 보기 어려웠습니다. 여기에다가 내일은 중국에서 황사가 불어온다는 예보도 있습니다. 봄철 대기를 탁하게 만들고 사람들의 건강을 해치는 황사와 미세 먼지의 차이점은 무엇인지 알려 드립니다.

1 중국에서 황사가 불어오는 날은 언제인가요? (　　　　)

① 3월 14일　② 3월 15일　③ 3월 16일
④ 3월 17일　⑤ 4월 15일

2 뉴스를 보고 황사와 미세 먼지에 대해 잘못 설명한 것은 어느 것인가요? (　　　　)

① 황사는 주로 봄에 발생한다.
② 미세 먼지는 계절과 시기에 상관없이 발생한다.
③ 황사는 미세 먼지와 달리 사람들의 건강을 해친다.
④ 미세 먼지는 매연 때문에 발생하는 작은 크기의 먼지이다.
⑤ 황사는 중국이나 몽골의 사막에서 발생한 모래 먼지가 우리나라까지 날아와 가라앉는 현상이다.

다음 글을 읽고, 물음에 답해 봅시다.

봄은 일 년을 사계절로 나눌 때 첫 번째 계절로, 보통 3월부터 5월까지를 말합니다. 계절의 시작이라고 할 수 있는 봄이 되면 우리는 신나게 학교생활을 시작합니다. 봄은 겨울 동안 꽁꽁 얼었던 땅을 ㉠뚫고 싹이 트는 따뜻한 계절이지만, 다시 추워지기도 하고 비가 내리기도 하는 등 다른 계절에 비하여 날씨 변화가 ❶비교적 심합니다. 꽃샘추위, 아지랑이, 황사, 큰 ❷일교차 등이 봄 날씨의 특징입니다.

이른 봄에 찾아오는 꽃샘추위는 따뜻해지던 봄 날씨가 며칠 동안 다시 추워지는 현상입니다. 꽃이 피는 것을 ❸샘하는 듯이 춥다고 하여 이러한 이름이 붙었다고 합니다. 아지랑이는 주로 봄날 햇빛이 강하게 쬘 때 공기가 ❹공중에서 아른아른 움직이는 현상입니다. 도로나 모래사장 등에서 볼 수 있으며, 흔들거리는 연기와 같은 것이 ㉡피워올라 먼 곳의 경치가 아른거려 보입니다.

봄의 ❺불청객으로 불리는 황사는 중국이나 몽골의 사막에서 발생한 작은 모래 먼지가 강한 바람을 타고 우리나라까지 날아와 가라앉는 현상입니다. 황사를 이루는 작은 모래 먼지가 호흡 기관으로 들어가면 호흡기 질환을 일으키므로 황사가 있는 날에는 외출할 때 마스크를 쓰고, 집에 돌아와서는 손발을 깨끗하게 씻어야 합니다.

봄에는 하루 동안에도 기온의 변화가 큰데, 이를 일교차가 크다고 말합니다. ❻한낮에는 기온이 올라가 따뜻하지만 아침과 저녁에는 기온이 내려가 춥습니다. 그래서 감기에 걸리지 않으려면 외출할 때 얇은 외투를 챙기는 것이 좋습니다.

---

❶ **비교적**: 일정한 수준이나 보통 정도보다 꽤.

❷ **일교차**: 하루 중 가장 높은 기온과 가장 낮은 기온의 차이.

❸ **샘**: 남의 처지나 물건을 탐내거나, 자기보다 나은 처지에 있는 사람을 미워함. 또는 그런 마음.

❹ **공중**: 하늘과 땅 사이의 빈 곳.

❺ **불청객**: 오라고 청하지 않았는데도 스스로 찾아온 손님.

❻ **한낮**: 낮의 한가운데. 곧, 낮 열두 시를 전후한 때.

꽃가루 알레르기

봄이 되면 꽃가루가 날리기 시작합니다. 이때 꽃가루에 민감한 사람들은 콧물, 재채기, 가려움증 등 각종 알레르기 증상으로 괴로움을 겪습니다. 꽃가루가 날리는 날에는 외출을 삼가고, 꼭 외출해야 할 경우에는 마스크와 모자, 안경 등을 쓰는 것이 좋습니다. 외출에서 돌아오면 집에 들어가기 전에 옷을 털고, 집에 들어가면 바로 세수 및 양치질을 합니다.

1 이 글의 중심 내용으로 알맞은 것은 어느 것인가요? (   )

① 봄의 경치　② 봄의 불청객　③ 봄철 옷차림
④ 봄 날씨의 특징　⑤ 봄철 건강 관리 방법

2 이 글의 내용을 잘못 이해한 사람의 이름을 쓰세요.

- 정우: 봄에는 갑자기 꽃샘추위가 찾아와 다시 추워지기도 해.
- 한솔: 봄에는 하루 동안 기온의 변화가 크지 않고 계속 따뜻해.
- 현아: 봄에 햇빛이 강하게 쬘 때에는 아지랑이가 관찰되기도 해.

(   )

3 다음 설명은 무엇에 대한 것인지 이 글에서 찾아 쓰세요.

중국이나 몽골의 사막에서 발생한 작은 모래 먼지가 강한 바람을 타고 우리나라까지 날아와 가라앉는 현상이다.

(   )

4 봄에 외출할 때 얇은 외투를 챙기는 것이 좋은 까닭은 어느 것인가요? (   )

① 비를 맞지 않기 위해서　② 하루 종일 날씨가 춥고 쌀쌀해서
③ 큰 일교차로 감기에 걸리기 쉬워서　④ 모래 먼지가 호흡기 질환을 일으켜서
⑤ 햇빛이 강하게 쬘 때 피부를 보호하려고

5 ㉠, ㉡을 바르게 고쳐 쓰세요.

㉠: 뚤고 → (   ), ㉡: 피워올라 → (   )

하루 어휘

1 다음의 뜻을 가진 낱말을 보기 에서 찾아 쓰세요.

보기 　공중　　불청객　　일교차

(1) 하늘과 땅 사이의 빈 곳. (　　　　)

(2) 오라고 청하지 않았는데도 스스로 찾아온 손님. (　　　　)

(3) 하루 중 가장 높은 기온과 가장 낮은 기온의 차이. (　　　　)

2 다음 밑줄 친 말을 따라 쓰고, 이 말과 반대의 뜻을 가진 낱말을 보기 에서 찾아 쓰세요.

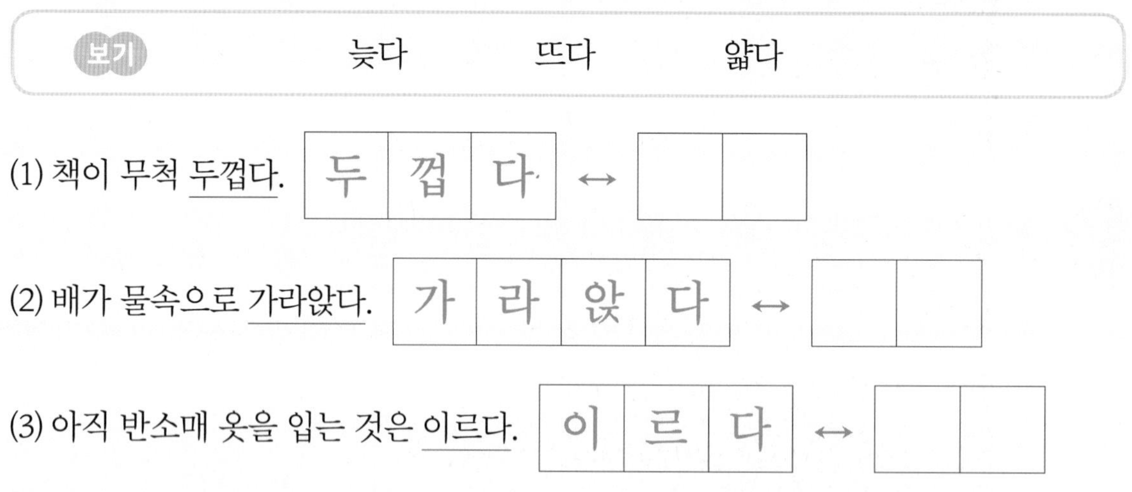

보기 　늦다　　뜨다　　얇다

(1) 책이 무척 두껍다. [두][껍][다] ↔ [　][　]

(2) 배가 물속으로 가라앉다. [가][라][앉][다] ↔ [　][　]

(3) 아직 반소매 옷을 입는 것은 이르다. [이][르][다] ↔ [　][　]

3 다음 문장에서 낱말의 앞이나 뒤에 공통으로 들어갈 말을 보기 에서 찾아 쓰세요.

보기 　새　　적　　정　　한

(1) 운동장 [　] 가운데 학생들이 서 있다. / 갑자기 내린 소나기가 [　] 낮의 더위를 식혀 주었다. → [　]

(2) 어제 본 영화는 무척 감동[　]이었다. / 우리나라는 사계절의 구분이 비교[　] 뚜렷하다. → [　]

3
일차
3
장

여름에 비가 많이 오는 우리나라

정답 확인
하루한장 앱에서
학습 인증하고
하루템을 모으세요!

매체 독해

다음 포스터를 보고, 물음에 답해 봅시다.

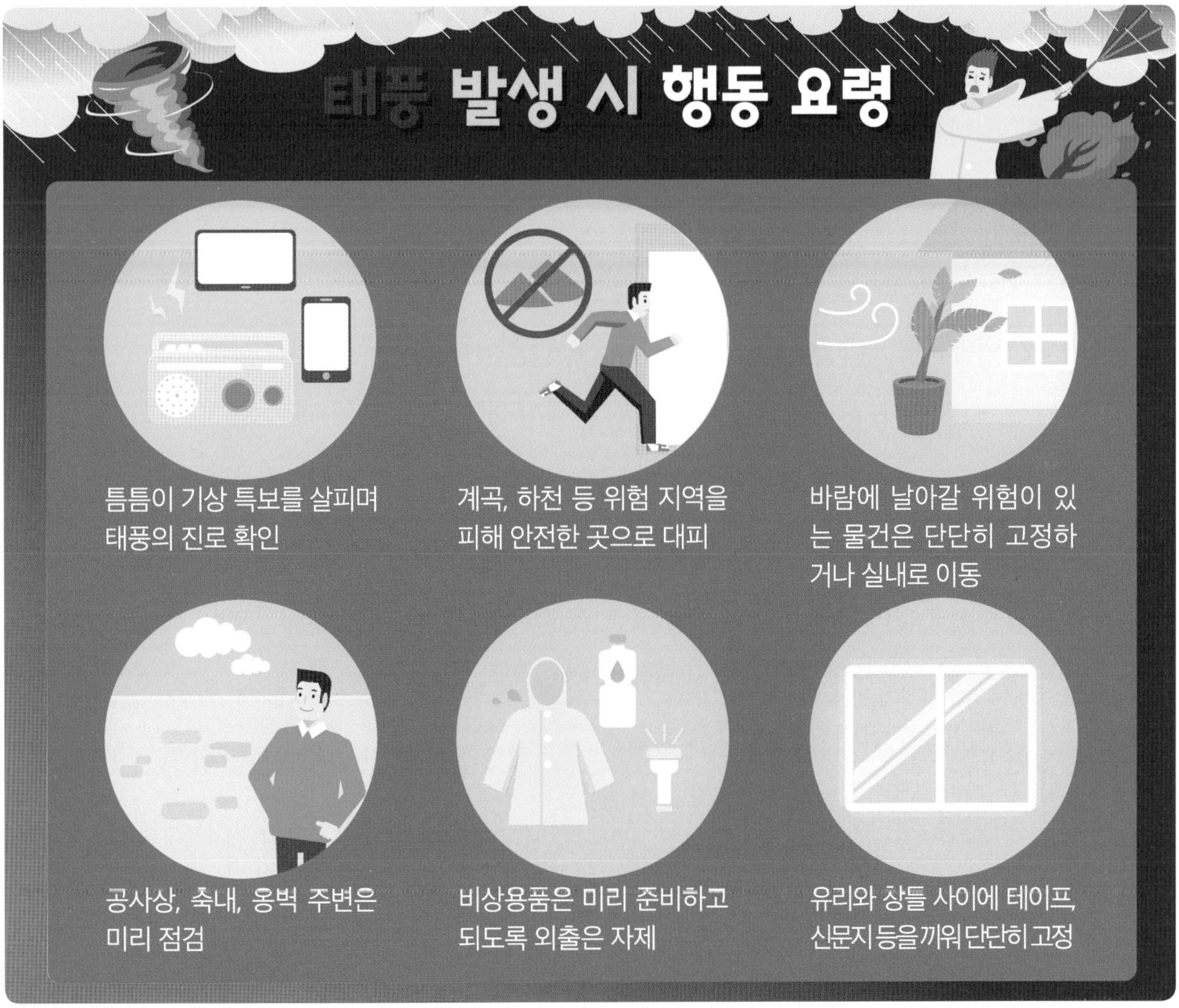

태풍 발생 시 행동 요령

틈틈이 기상 특보를 살피며 태풍의 진로 확인

계곡, 하천 등 위험 지역을 피해 안전한 곳으로 대피

바람에 날아갈 위험이 있는 물건은 단단히 고정하거나 실내로 이동

공사상, 축내, 옹벽 주변은 미리 점검

비상용품은 미리 준비하고 되도록 외출은 자제

유리와 창틀 사이에 테이프, 신문지 등을 끼워 단단히 고정

1 포스터에 나타난 행동 요령은 어떤 자연재해에 대비한 것인가요? (　　　)

① 우박　② 지진　③ 태풍　④ 폭설　⑤ 홍수

2 태풍 발생 시 행동 요령으로 옳은 것에는 ○표, 옳지 않은 것에는 ×표 하세요.

(1) 태풍이 발생하면 필요한 비상용품을 사러 나간다. (　　　)

(2) 틈틈이 기상 특보를 살피며 태풍의 진로를 확인한다. (　　　)

(3) 바람에 날아갈 위험이 있는 물건은 단단히 고정하거나 실내로 옮긴다. (　　　)

다음 글을 읽고, 물음에 답해 봅시다.

여름은 사계절 중 두 번째 계절로, 보통 6월부터 8월까지를 말합니다. 여름에는 뜨거운 햇볕이 내리쬐고 매우 덥습니다. 이러한 여름의 더위를 찜통 안에서 뜨거운 김을 쐬는 것 같다고 하여 '찜통더위', 불처럼 햇볕이 몹시 뜨겁다고 하여 '불볕더위'라고도 합니다. 여름은 비가 집중해서 내리는 시기이기도 합니다. 비가 오는 날이 많고 습하며, 장마나 태풍 등의 현상이 나타나기도 합니다.

계절이 봄에서 여름으로 넘어가는 6월에는 장마가 시작됩니다. 우리나라는 6월부터 7월까지 북쪽의 차가운 ❶기단과 남쪽의 따뜻한 기단이 만나서 만들어지는 ❷장마 전선의 영향을 받습니다. 장마 전선이 걸쳐 있는 지역에는 여러 날 동안 계속해서 비가 내립니다. 이렇게 여름철에 여러 날을 계속해서 많은 비가 내리는 날씨를 장마라고 합니다. 장마를 부르는 이름은 나라마다 달라서 중국에서는 메이유(Meiyu), 일본에서는 바이우(Baiu)라고 부릅니다.

장마가 끝나고 나면 한여름의 더위가 계속됩니다. 더위가 계속되다가 8월을 중심으로 7월과 9월 사이에는 ❸적도 부근의 따뜻한 바다에서 만들어진 ❹열대 ❺저기압이 우리나라로 다가옵니다. 이것이 바로 태풍입니다. 태풍은 강한 바람과 함께 많은 비를 내리기 때문에 큰 피해를 줍니다. 많은 비로 ❻홍수와 같은 피해가 발생할 수도 있고, 강한 바람으로 나무가 쓰러지거나 집과 건물이 무너질 수도 있기 때문에 기상 특보를 꾸준히 확인하며 위험에 대비해야 합니다.

---

❶ **기단**: 넓은 지역에 걸쳐 있는, 성질이 비슷한 거대한 공기 덩어리.
❷ **장마 전선**: 여름철에 우리나라에 머물면서 장마를 가져오는 전선.
❸ **적도**: 지구의 북극과 남극으로부터 같은 거리에 있는 지구 표면의 점을 이은 선.
❹ **열대**: 일 년 중 가장 추운 달의 평균 기온이 18도 이상인 매우 따뜻한 지역으로, 주로 적도 주변에서 나타남.
❺ **저기압**: 기압이 주위보다 낮은 곳을 말하며, 고기압과 반대됨.
❻ **홍수**: 비가 많이 내려 하천이 흘러넘쳐 주변의 도로나 건물 등이 물에 잠기는 것.

여름의 흔한 질병, 일사병

일사병은 한여름에 무더운 곳에서 활동하면서 몸에 있던 수분이 땀으로 빠져나가 몸속 수분이 부족해져 생기는 병입니다. 흔히 '더위를 먹은 병'이라고 표현합니다. 일사병에 걸리면 머리가 아프고 어지러우며 숨이 가빠져 정신을 잃고 쓰러질 수도 있습니다. 이럴 때에는 시원한 곳에서 충분한 휴식을 하고, 물을 마시며 부족한 수분을 보충해 주는 것이 좋습니다.

1 이 글의 중심 내용으로 알맞은 것은 어느 것인가요? (　　　)

① 장마의 원인　② 여름 날씨의 특징　③ 태풍의 발생 지역
④ 장마 전선의 이동 방향　⑤ 우리나라의 다양한 기후

2 여름의 더위를 빗대어 표현한 말을 이 글에서 찾아 빈칸에 알맞은 말을 쓰세요.

(1) 찜통 안에서 뜨거운 김을 쐬는 것 같다 → □□ 더위

(2) 불처럼 햇볕이 몹시 뜨겁다 → □□ 더위

3 장마에 대한 설명으로 옳은 것에는 ○표, 옳지 않은 것에는 ×표 하세요.

(1) 중국에서는 바이우, 일본에서는 메이유라고 부른다. (　　　)
(2) 여름철에 여러 날을 계속해서 많은 비가 내리는 날씨이다. (　　　)
(3) 여름철에 차가운 기단과 따뜻한 기단이 만나 생기는 현상이다. (　　　)

4 태풍에 대한 설명으로 알맞지 않은 것은 어느 것인가요? (　　　)

① 태풍은 홍수를 일으키기도 한다.
② 태풍이 발생하면 바람이 강하게 불고 비가 많이 내린다.
③ 태풍은 봄에서 여름으로 넘어가는 6월에 무더위와 함께 시작된다.
④ 태풍은 적도 부근의 따뜻한 바다에서 만들어져 우리나라로 다가온다.
⑤ 태풍이 발생하면 기상 특보를 꾸준히 확인하며 위험에 대비해야 한다.

5 장마와 태풍에 대한 설명으로 알맞은 것을 선으로 이어 보세요.

		• 주로 6월부터 7월에 발생함.
장마 •		• 8월을 중심으로 7월과 9월 사이에 발생함.
태풍 •		• 여러 날을 계속해서 많은 비가 내리는 날씨.
		• 강한 바람과 함께 많은 비를 내리는 열대 저기압.

1 다음의 뜻을 가진 낱말을 보기 에서 찾아 쓰세요.

보기 　기단　　열대　　저기압　　적도

(1) 기압이 주위보다 낮은 곳을 말하며, 고기압과 반대됨. (　　　　)

(2) 넓은 지역에 걸쳐 있는, 성질이 비슷한 거대한 공기 덩어리. (　　　　)

(3) 일 년 중 가장 추운 달의 평균 기온이 18도 이상인 매우 따뜻한 지역.
(　　　　)

(4) 지구의 북극과 남극으로부터 같은 거리에 있는 지구 표면의 점을 이은 선.
(　　　　)

2 다음 낱말의 뜻을 보고, 문장에 들어갈 알맞은 낱말을 골라 ○표 하세요.

덥다	대기의 온도가 높다.
덮다	일정한 범위나 공간을 빈틈없이 휩싸다.

(1) 흰 눈이 온 세상을 (덥다 / 덮다).

(2) 오늘은 어제보다 더 (덥다 / 덮다).

3 다음 그림을 보고 빈칸에 들어갈 알맞은 낱말을 보기 에서 찾아 쓰세요.

보기 　장마　　폭염　　태풍　　홍수

(1) 갑자기 많은 비가 내려 [　][　] 피해가 발생하였다.

(2) [　][　] 이/가 계속되면서 전기 사용량이 많아졌다.

가을 방학은 왜 없나요

단풍 시기를 예측한 지도를 보고, 물음에 답해 봅시다.

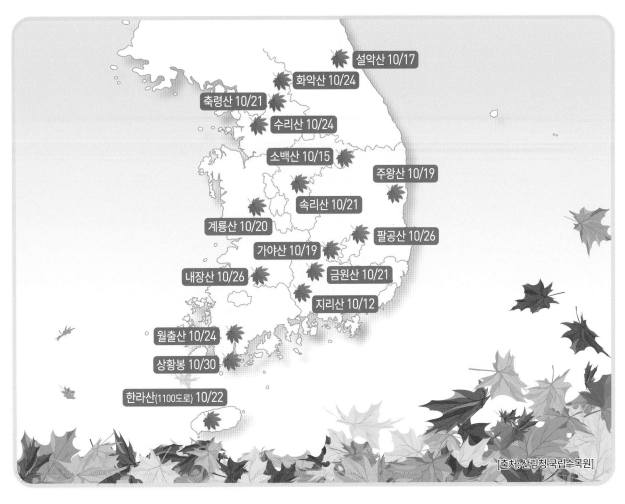

1 단풍 예측 지도를 보고 빈칸에 들어갈 알맞은 말을 골라 ○표 하세요.

(1) 대부분 (9월 / 10월 / 11월)에 단풍이 물들 것으로 예측된다.

(2) 단풍이 가장 늦게 물들 것으로 예측한 곳은 (내장산 / 상황봉)이다.

(3) 한라산이 설악산보다 단풍이 더 (늦게 / 빨리) 물들 것으로 예측하였다.

2 10월 21일에 단풍이 물들 것이라고 예측한 곳을 모두 골라 색칠하세요.

축령산	소백산	속리산	금원산	팔공산

다음 글을 읽고, 물음에 답해 봅시다.

가을은 사계절 중 세 번째 계절로, 보통 9월부터 11월까지를 말합니다. 여름이 지나고 가을이 찾아오면 날씨가 ❶선선해집니다. 가을은 여름처럼 너무 덥거나 겨울처럼 너무 추운 계절이 아닙니다. 맑은 날씨가 이어져 책을 읽기에도 좋고 공부하기에도 좋은 계절입니다. 또한, ❷쾌적한 바람이 살랑살랑 불어와 다양한 운동이나 산책 등 바깥 활동을 하기에도 좋습니다. 이러한 까닭으로 가을에는 여름이나 겨울처럼 방학이 없습니다.

가을은 일교차가 커서 낮에는 기온이 올라가 따뜻하지만 아침저녁으로는 기온이 내려가서 춥습니다. 늦가을이 되면 날씨는 더 추워지며, 특히 일교차가 더욱 커집니다. 새벽에는 안개가 발생하기 쉬우며 ❸서리가 내리기도 합니다. 서리는 하얀 눈과 비슷하게 생긴 매우 작은 얼음으로, 일교차가 큰 날에 많이 생깁니다. 서리는 식물의 잎을 상하게 하기 때문에 ❹농작물에 큰 피해를 줍니다.

가을은 온 산의 나뭇잎이 단풍으로 물드는 계절입니다. 단풍은 녹색이었던 식물의 잎이 빨간색, 노란색, 갈색 등으로 알록달록하게 변하는 것을 말합니다. 식물의 잎에는 왜 단풍이 드는 걸까요? 가을이 되어 기온이 낮아지면 나뭇잎 속에 있던 ❺엽록소의 양이 줄어들고 그 아래 숨어 있던 ❻색소들이 밖으로 드러나게 되어 나뭇잎이 다양한 색으로 변하게 됩니다. 단풍의 색깔을 내는 색소들은 온도의 차이가 클수록 활발하게 작용합니다. 그래서 일교차가 클수록 단풍은 더 짙은 색으로 물들게 됩니다.

---

❶ **선선하다**: 시원한 느낌이 들 정도로 서늘하다.
❷ **쾌적하다**: 기분이 상쾌하고 즐겁다.
❸ **서리**: 기온이 낮아지면서 공기 중의 수증기가 땅이나 물체에 닿아 눈가루같이 얼어붙은 것.
❹ **농작물**: 논밭에 심어 가꾸는 곡식이나 채소.
❺ **엽록소**: 식물의 잎에 들어 있는 초록색 색소.
❻ **색소**: 물체의 색깔이 나타나도록 해 주는 성분.

천고마비의 계절

천고마비(天 하늘 천, 高 높을 고, 馬 말 마, 肥 살찔 비)는 '하늘이 높고 말이 살찐다.'라는 뜻입니다. 하늘이 맑아 높푸르게 보이고 온갖 곡식이 익는 가을철을 이르는 말로, 가을은 날씨가 매우 좋은 계절임을 뜻하는 말입니다.

1 가을 날씨의 특징으로 알맞지 않은 것은 어느 것인가요? (　　　　)

① 맑은 날씨가 이어진다.
② 서리가 내리기도 한다.
③ 쾌적한 바람이 불어온다.
④ 늦가을이 되면 일교차가 작아진다.
⑤ 낮에는 따뜻하고 아침저녁에는 춥다.

2 이 글에서 가을에 하기 좋다고 한 활동을 모두 골라 ○표 하세요.

게임하기　산책하기　요리하기　공부하기
책 읽기　운동하기　수영하기　눈썰매 타기

3 가을에 방학이 없는 까닭을 바르게 말한 사람의 이름을 쓰세요.

- 서연: 가을은 여름처럼 너무 덥거나 겨울처럼 너무 춥지 않기 때문이야.
- 태빈: 가을에는 날씨가 맑고 선선해서 바깥 활동을 하기에는 좋지만 공부하기에는 좋지 않기 때문이야.

(　　　　　　　　)

4 가을이 되어 다음과 같이 나뭇잎 색이 변하는 것을 무엇이라고 하는지 쓰세요.

→ → →

(　　　　　　　　)

5 이 글에서 알 수 있는 내용으로 알맞지 않은 것은 어느 것인가요? (　　　　)

① 서리는 일교차가 큰 날에 많이 생긴다.
② 일교차가 클수록 단풍의 색은 더 짙어진다
③ 단풍은 나뭇잎 속 엽록소의 양이 늘어나면 생긴다.
④ 서리는 하얀 눈과 비슷하게 생긴 매우 작은 얼음이다.
⑤ 늦가을이 되면 날씨는 추워지고 일교차가 더욱 커진다.

하루 어휘

1 다음 빈칸에 들어갈 말의 뜻을 보고, 알맞은 낱말을 보기 에서 찾아 쓰세요.

보기 색소 서리 선선하다 쾌적하다

(1) 갑자기 [|]가 내려서 농작물의 피해가 크다.

ㄴ 기온이 낮아지면서 공기 중의 수증기가 땅이나 물체에 닿아 눈가루같이 얼어붙은 것.

(2) 이제 진짜 가을인지 날씨가 꽤 [| | |].

ㄴ 시원한 느낌이 들 정도로 서늘하다.

(3) 봄맞이 대청소를 하고 나니 집안이 무척 [| | |].

ㄴ 기분이 상쾌하고 즐겁다.

(4) 파란색 [|]가 들어 있는 아이스크림을 먹어서 혀가 파랗게 변하였다.

ㄴ 물체의 색깔이 나타나도록 해 주는 성분.

2 다음 문장에 알맞은 흉내 내는 말을 골라 ○표 하세요.

(1) 수아는 오늘 (알록달록 / 울퉁불퉁) 예쁜 치마를 입었다.

(2) (두근두근 / 살랑살랑) 불어오는 봄바람에 나뭇잎과 꽃잎들이 흔들린다.

3 다음 문장에서 '내리다'가 어떤 뜻으로 사용되었는지 번호를 쓰세요.

내리다

① 눈, 비, 서리, 이슬 따위가 오다.
② 탈것에서 밖이나 땅으로 옮아가다.

(1) 오늘은 비가 하루 종일 내렸다. (　　　)

(2) 나는 엄마 손을 잡고 버스에서 내렸다. (　　　)

5
일차
5
장

우리나라의 겨울에 눈이 많이 오는 곳

정답 확인
하루한장 앱에서
학습 인증하고
하루템을 모으세요!

매체 독해

다음 동요를 보고, 물음에 답해 봅시다.

겨울 바람

백순진 작사
백순진 작곡

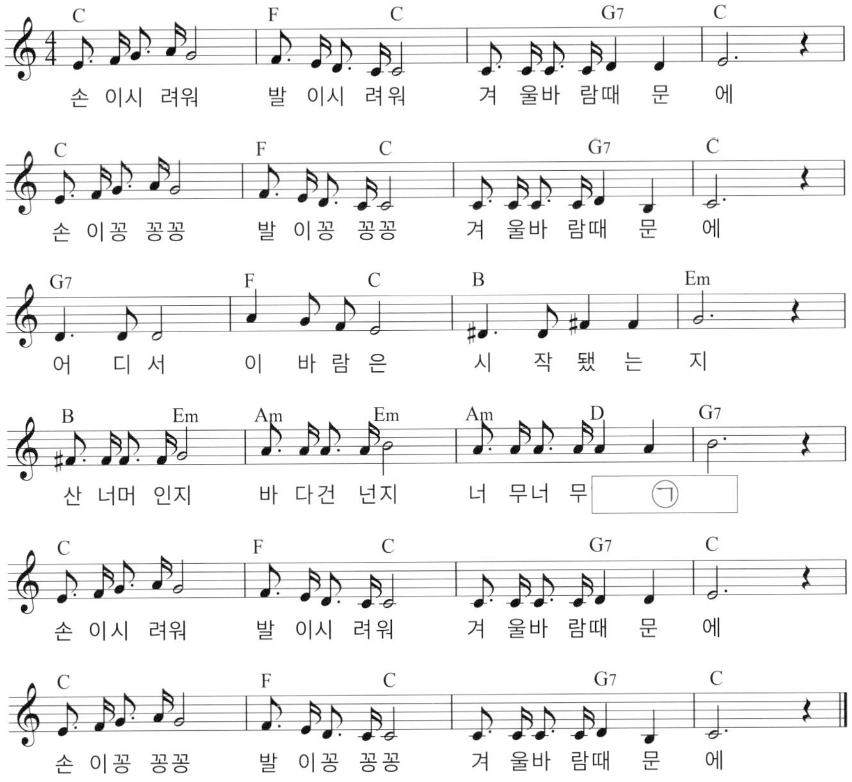

C F C G7 C
손 이시 려워 발 이시 려워 겨 울바 람때 문 에

C F C G7 C
손 이꽁 꽁꽁 발 이꽁 꽁꽁 겨 울바 람때 문 에

G7 F C B Em
어 디 서 이 바 람 은 시 작 됐 는 지

B Em Am Em Am D G7
산 너머 인지 바 다건 넌지 너 무너 무 ㉠

C F C G7 C
손 이시 려워 발 이시 려워 겨 울바 람때 문 에

C F C G7 C
손 이꽁 꽁꽁 발 이꽁 꽁꽁 겨 울바 람때 문 에

1 ㉠에 들어갈 알맞은 노랫말은 어느 것인가요? ( )

① 고마워 ② 귀여워 ③ 그리워 ④ 뜨거워 ⑤ 얄미워

2 동요에 나타난 계절에 알맞은 옷차림을 한 사람의 이름을 모두 쓰세요.

- 지훈: 찬바람을 막으려고 귀마개를 하고 두꺼운 외투를 입었어.
- 태경: 시원한 바람이 잘 통하도록 얇고 넉넉한 옷을 챙겨 입었어.
- 수지: 손발이 얼 것 같은 추운 날씨여서 장갑을 끼고 장화를 신었어.

( )

다음 글을 읽고, 물음에 답해 봅시다.

한 해의 마지막 계절은 겨울로, 보통 12월부터 2월까지를 말합니다. 겨울은 낮이 짧고 기온이 낮아 추운 것이 보통이지만, ❶포근한 날씨가 이어지다가 갑자기 기온이 뚝 떨어져서 찬 바람이 불기도 합니다. 이러한 기온 변화 현상을 '삼한 사온'이라고 합니다. 보통 3일은 춥고 4일은 따뜻하다고 해서 이러한 이름이 붙여졌습니다. 하지만 삼한 사온 현상이 ❷규칙적으로 나타나는 것은 아닙니다. 겨울은 기온 변화가 매우 심해서 포근한 날이 며칠씩 이어지기도 하고, 갑자기 ❸한파가 몰아쳐 추운 날씨가 계속되기도 합니다.

겨울은 사계절 중에서 강수량이 가장 적고 ❹강수의 대부분이 눈으로 내립니다. 일정한 곳에 일정 기간 내린 눈의 양을 강설량이라고 하는데, 우리나라는 지역에 따라 강설량의 차이가 큽니다. 그래서 어떤 곳은 눈이 많이 내리지만, 어떤 곳은 눈이 거의 내리지 않기도 합니다. 눈이 많이 내리는 곳으로는 울릉도, ❺호남 지방, ❻영동 지방 등이 있습니다. 제주도처럼 겨울에도 비교적 따뜻한 곳에서는 겨울 강수가 대부분 비로 내려서 눈이 내리는 것을 보기 어렵습니다.

기온이 낮아 춥고 눈이 내리는 겨울철에 사람들은 어떤 옷차림을 할까요? 사람들은 추위를 막기 위하여 두꺼운 옷을 입고 장갑을 끼거나 목도리를 두르기도 합니다. 또한, 추위나 눈으로부터 발을 보호하기 위하여 따뜻한 장화를 신기도 합니다.

---

❶ **포근하다**: 겨울 날씨가 바람이 없고 따뜻하다.
❷ **규칙적**: 일정한 질서가 있거나 규칙을 따르는 것.
❸ **한파**: 겨울철에 기온이 갑자기 내려가는 현상.
❹ **강수**: 비, 눈, 우박, 안개 따위로 땅에 내린 물.
❺ **호남 지방**: 전라남도와 전라북도를 아울러 이르는 말.
❻ **영동 지방**: 강원도에서 대관령 동쪽에 있는 지역.

우리나라에서 눈이 가장 많이 오는 곳

울릉도는 다른 지역에 비해 일 년 내내 강수량이 고르게 나타나는 지역입니다. 특히 겨울철에 눈이 많이 내려서 겨울에도 강수량이 많은 편입니다. 우리 조상들은 눈이 많이 내리는 울릉도에서 지혜롭게 살 수 있도록 우데기를 설치했습니다. 우데기는 눈이 집 안으로 들어오는 것을 막기 위하여 지붕의 처마 끝에서부터 땅에 닿는 부분까지 집의 바깥쪽에 둘러치는 벽입니다.

1 겨울 날씨의 특징으로 옳은 것에는 ○표, 옳지 않은 것에는 ×표 하세요.

(1) 겨울은 기온 변화가 매우 심하다. ( )

(2) 사계절 중에서 강수량이 가장 많은 계절이다. ( )

(3) 포근한 날이 며칠씩 이어지기도 하고 한파가 몰아치기도 한다. ( )

2 다음과 같은 현상을 무엇이라고 하는지 쓰세요.

맑고 포근한 날씨가 이어지다가 갑자기 기온이 뚝 떨어져서 찬 바람이 불기도 하는 겨울의 기온 변화 현상

( )

3 다음 문장에 들어갈 알맞은 낱말을 골라 ○표 하세요.

(1) 우리나라의 (울릉도 / 제주도)는 겨울철에 눈이 많이 내린다.

(2) 겨울은 낮이 (짧고 / 길고) 기온이 (낮아 / 높아) 날씨가 춥다.

4 이 글에서 알 수 있는 내용으로 알맞지 않은 것은 어느 것인가요? ( )

① 겨울은 보통 12월부터 2월까지를 말한다.

② 겨울에는 강수의 대부분이 눈으로 내린다.

③ 겨울 기온은 규칙적이어서 포근한 날이 계속된다.

④ 우리나라는 지역에 따라 눈이 내리는 양이 다르다.

⑤ 사람들은 추위로부터 몸을 보호하기 위한 옷차림을 한다.

5 다음 중 겨울에 어울리는 옷이 아닌 것은 어느 것인가요? ( )

① ② ③ ④

하루 어휘

1 다음 낱말의 뜻으로 알맞은 것을 선으로 이어 보세요.

낱말		뜻
한파 •		• 일정한 곳에 일정 기간 내린 눈의 양.
강설량 •		• 겨울철에 기온이 갑자기 내려가는 현상.
규칙적 •		• 일정한 질서가 있거나 규칙을 따르는 것.

2 다음 낱말의 뜻을 보고, 문장에 들어갈 알맞은 낱말을 골라 ○표 하세요.

(1)

낱말	뜻
부치다	편지나 물건 따위를 일정한 수단이나 방법을 써서 상대에게로 보내다.
붙이다	맞닿아 떨어지지 않게 하다.

책상에 메모지를 (부치다 / 붙이다).
전학 간 친구에게 편지를 (부치다 / 붙이다).

(2)

낱말	뜻
낫다	보다 더 좋거나 앞서 있다.
낮다	아래에서 위까지의 높이가 기준이 되는 대상이나 보통 정도에 미치지 못하는 상태에 있다.

우리 집은 천장이 (낫다 / 낮다).
볼펜보다는 연필로 쓰는 것이 (낫다 / 낮다).

3 다음 옷과 관계있는 말을 보기 에서 찾아 쓰세요.

보기 끼다 신다 입다 두르다

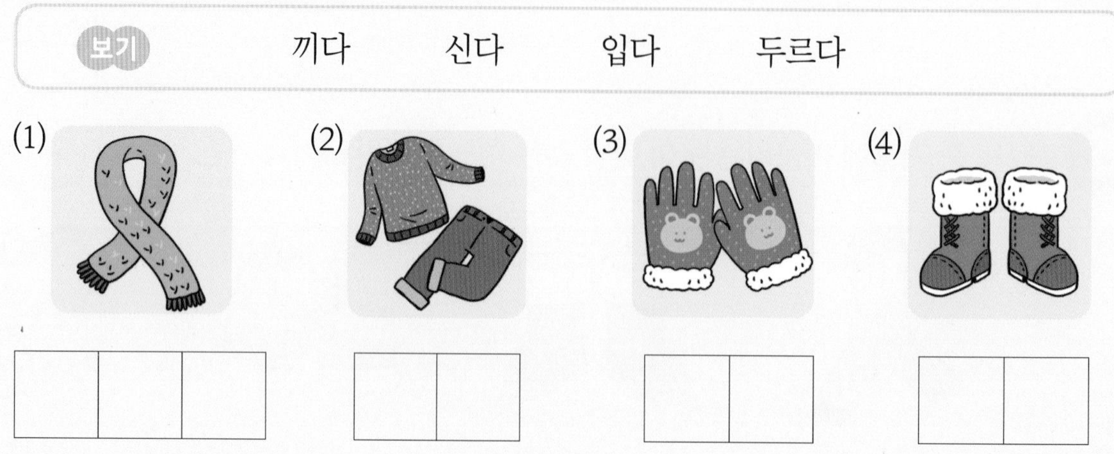

(1) (2) (3) (4)

주제1 계절마다 다른 날씨

가로세로 퍼즐을 완성하며, 주제1에서 공부한 용어의 뜻을 다시 한번 떠올려 봐요.

→ 넓은 지역에 걸쳐 있는, 성질이 비슷한 거대한 공기 덩어리.

↓ 오랜 기간 한 지역에서 나타나는 평균적인 대기 상태.

→ 하루 중 가장 높은 기온과 가장 낮은 기온의 차이.

↓ 앞으로의 날씨를 예상하여 미리 알려 주는 것.

→ 따뜻함과 차가움의 정도.

↓ 사람, 차 따위가 잘 다닐 수 있도록 만들어 놓은 길.

→ 지구를 둘러싸고 있는 기체.

↓ 공기의 온도.

↓ 햇빛이 강하게 쬘 때 공기가 공중에서 아른아른 움직이는 현상.

↓ 일정한 곳에 일정한 기간 동안 내린 눈, 비 따위의 물의 양.

→ 비가 많이 내려 하천이 흘러넘쳐 주변의 도로나 건물 등이 물에 잠기는 것.

→ 일본에서 장마를 부르는 이름.

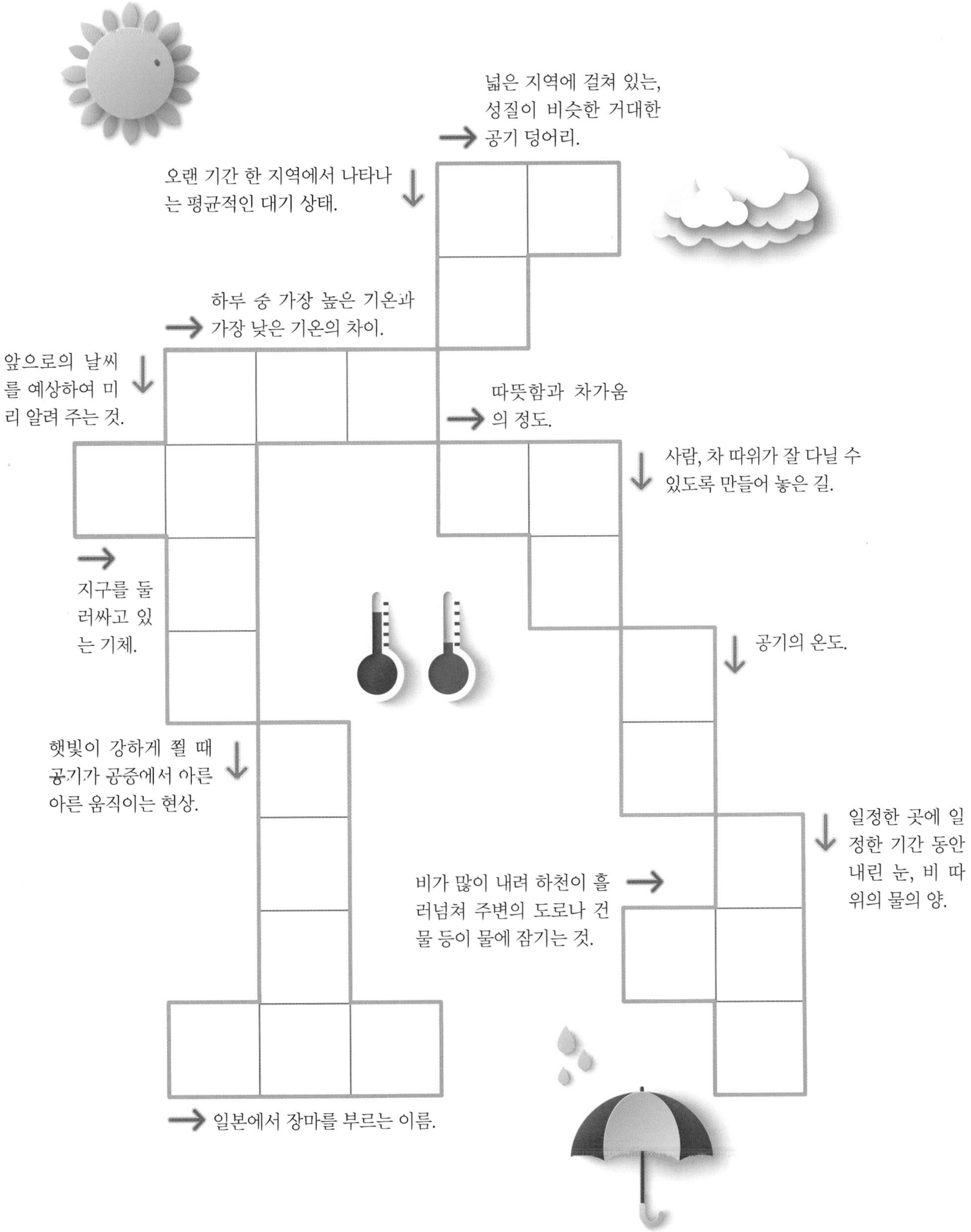

주제 2

사회 속의 나

이번 주에 공부할 내용에 대한 주간 학습 계획을 세워 보세요.

	공부할 내용	교과 연계	공부한 날	스스로 평가
1장	내가 자라 온 과정	봄 2-1 [1단원]	월 일	
2장	우리는 사회를 떠나 살 수 있을까요	여름 2-1 [1단원]	월 일	
3장	나의 희망 직업	봄 2-1 [1단원]	월 일	
4장	저축을 해 보아요	여름 2-1 [1단원]	월 일	
5장	정보화와 우리 생활	사회 3-1 [3단원]	월 일	

내가 자라 온 과정

다음 하루의 성장 흐름표를 보고, 물음에 답해 봅시다.

1 하루가 태권도를 배우기 시작한 나이는 몇 살인가요? (　　　)

① 4세　　② 6세　　③ 7세
④ 8세　　⑤ 9세

2 하루의 성장 과정에 대한 설명으로 옳은 것에는 ○표, 옳지 않은 것에는 ×표 하세요.

(1) 2세에 걸음을 걷기 시작하였다. (　　　)
(2) 4세에는 동생을 잘 돌보아 주었다. (　　　)
(3) 8세에는 학교에 입학해 친구를 사귀었다. (　　　)
(4) 9세에는 독서상을 받았다. (　　　)

다음 글을 읽고, 물음에 답해 봅시다.

우리는 모두 아기로 태어나 어른이 될 때까지 끊임없이 성장합니다. 누워만 있던 아기는 어느새 몸을 뒤집고 기어다니다가 혼자 앉기도 하고 걸음마도 시작하게 됩니다. ❶옹알이를 시작하며 말을 배우고, 더 자라면 친구들과 어울려 놀기도 합니다. 여덟 살부터는 초등학교에 다니게 되는데 학년이 올라갈수록 키가 부쩍 자라고 몸무게가 늘어나는 등 신체적으로 성장합니다. 외모에 관심이 많아지거나 스스로 관심 있는 일이 생기고 생각이 깊어지는 등 정신적으로 성장하기도 합니다. 그리고 또래 친구들과 어울려 서로 고민을 나누기도 하는 등 사회적으로도 성장합니다. 이처럼 인간은 신체적, 정신적, 사회적으로 점점 변화하고 성장합니다. 성장은 누구나 경험하는 것이며, 그 시기와 속도에는 차이가 있을 수 있습니다.

우리는 자라면서 '나는 누구인가?'라는 질문을 자연스럽게 하게 됩니다. 이것은 자아 정체감을 형성하는 과정으로, 이를 통해 스스로가 어떤 사람인지 더 잘 알게 됩니다. 자아 정체감은 자신에 관해서 정확히 잘 알고, 이를 일관되게 믿고 느끼는 상태를 말합니다. 즉 자신의 능력, 성격, ❷취향, ❸세계관 등에 대해 명확하게 이해하고, 이에 대해 변함없이 안정된 느낌이 있다면 자아 정체감이 잘 형성된 것이라고 할 수 있습니다. 무엇인가를 꾸준히 하다 보면 다양한 경험을 할 수 있고, 그 결과를 바탕으로 스스로가 무엇을 원하는지, 자신이 어떤 사람인지 알 수 있게 됩니다. 자아 정체감을 ❹성취하면 ❺진로나 ❻가치관 등 다양한 것을 스스로 결정할 수 있게 됩니다.

---

❶ **옹알이**: 아직 말을 못 하는 어린아이가 혼자 입속말처럼 자꾸 소리를 내는 짓.
❷ **취향**: 하고 싶은 마음이 생기는 방향.
❸ **세계관**: 세상에서 일어나는 모든 일 즉 정치, 경제, 사회, 문화, 인류, 철학, 사랑 따위에 관한 생각과 판단.
❹ **성취**: 목적한 것을 이룸.
❺ **진로**: 앞으로 나아갈 길.
❻ **가치관**: 사람이 자기를 포함한 사람들이나 사물에 대해 가지는 태도.

우리 몸의 변화

초등학교 고학년이 되면 남자와 여자가 가진 고유한 신체적 특징이 두드러지게 나타납니다. 몸에서 나타나는 여러 가지 변화가 무섭고 낯설기도 하지만 자연스러운 변화이므로 크게 걱정할 일은 아닙니다. 이러한 변화는 친구들과 함께 겪는 변화이지만, 사람마다 변화하는 때와 정도는 다르기 때문에 서로의 변화에 대해 존중하고 배려하는 마음을 가져야 합니다.

1 이 글의 중심 내용으로 알맞은 것은 어느 것인가요? (　　　)

① 나의 탄생　② 나의 성격　③ 나의 가족
④ 나의 장래 희망　⑤ 나의 성장과 발달

2 다음을 보고 관계있는 것끼리 선으로 이어 보세요.

신체적 성장 •		• 키가 자라고 몸무게가 늘어난다.
정신적 성장 •		• 또래 친구들과 어울려 서로 고민을 나눈다.
사회적 성장 •		• 스스로 관심 있는 일이 생기고 생각이 깊어진다.

3 다음 빈칸에 들어갈 알맞은 말을 쓰세요.

'나는 누구인가?'라는 질문에 대한 답으로, 자신에 관해서 정확히 잘 알고, 이를 일관되게 믿고 느끼는 상태를 (　　　　)(이)라고 한다.

(　　　　　　)

4 다음 중 자아 정체감을 잘 성취한 사람의 이름을 쓰세요.

- 민수: 나는 부모님께서 원하시니까 커서 경찰관이 될 거야.
- 수정: 나는 그림 그리는 것을 정말 좋아해. 그래서 나중에 화가가 될 거야.
- 세희: 나는 하고 싶은 것이 없어. 잘하거나 좋아하는 것도 없어서 어떤 직업을 가져야 할지 모르겠어.

(　　　　　　)

5 이 글을 통해 알 수 있는 내용으로 옳은 것에는 ○표, 옳지 않은 것에는 ×표 하세요.

(1) 나와 친구들의 성장 시기와 속도는 모두 같다. (　　)
(2) 인간은 누구나 신체적, 정신적, 사회적으로 변화하고 성장한다. (　　)
(3) '나는 누구인가?'라는 질문을 통해 자기 자신을 더 잘 알 수 있다. (　　)

하루 어휘

1 다음의 뜻을 가진 낱말을 보기 에서 찾아 쓰세요.

보기	가치관	진로	취향

(1) 앞으로 나아갈 길. (　　　　　　　)

(2) 하고 싶은 마음이 생기는 방향. (　　　　　　　)

(3) 사람이 자기를 포함한 사람들이나 사물에 대해 가지는 태도. (　　　　　　　)

2 다음 말을 따라 쓰고, 이 말과 반대의 뜻을 가진 낱말을 보기 에서 찾아 쓰세요.

보기	내려가다	알다	얕다	줄어들다

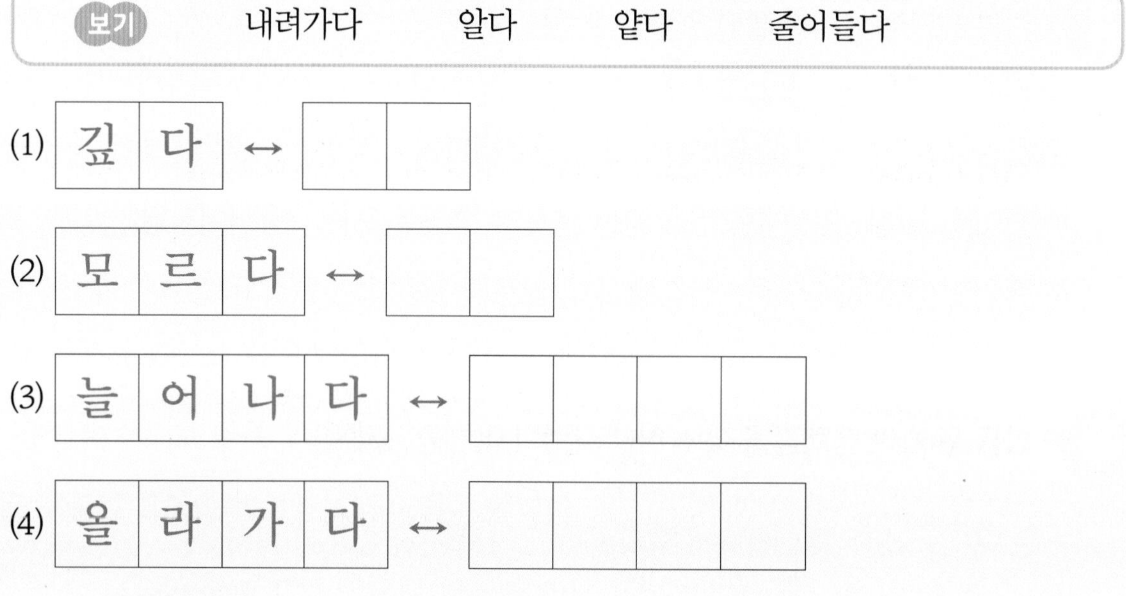

(1) 깊 다 ↔
(2) 모 르 다 ↔
(3) 늘 어 나 다 ↔
(4) 올 라 가 다 ↔

3 다음 빈칸에 들어갈 말의 뜻을 보고, 알맞은 낱말을 보기 에서 찾아 쓰세요.

보기	성장	성취

(1) 식물이 [　　] 하기 위해서는 햇빛이 필요하다.

└ 사람이나 동식물 따위가 자라서 점점 커짐.

(2) 자신이 목표한 것을 [　　] 하기 위해서는 노력이 필요하다.

└ 목적한 것을 이룸.

우리는 사회를 떠나 살 수 있을까요

정답 확인
하루한장 앱에서
학습 인증하고
하루템을 모으세요!

매체 독해

다음 신문 기사를 읽고, 물음에 답해 봅시다.

미래일보 20○○년 ○○월 ○○일 ○요일

러시아에서 한 무리의 개에 의해 양육된 여섯 살짜리 소녀가 발견되었습니다. 이름이 베로니카라는 이 소녀는 유일한 혈육인 할머니의 집 뒷마당에서 개와 함께 자랐다고 알려졌습니다. 베로니카는 발견 당시 말을 전혀 하지 못했고 음식도 사람이 아닌 개처럼 먹는 등 개의 행동을 보였다고 합니다.

베로니카는 사회 속에서 살아가는 데 필요한 언어, 지식, 행동 양식, 규범 따위를 배우는 사회화의 과정을 거치지 못했기 때문에 인간이 아닌 동물에 가까운 행동을 보였던 것입니다.

1 베로니카에 대한 설명으로 알맞은 것을 모두 골라 색칠하세요.

한 무리의 개에 의해 양육되었다.	러시아에서 발견된 여섯 살짜리 개다.	베로니카의 유일한 혈육은 할머니이다.

2 신문 기사에서 다음 빈칸에 들어갈 알맞은 말을 찾아 쓰세요.

인간은 사회 속에서 살아가는 데 필요한 언어, 지식, 행동 양식, 규범 따위를 배우는 (   ) 과정을 거치게 된다. 베로니카는 이러한 과정을 거치지 못했기 때문에 동물에 가까운 행동을 보였다.

(   )

다음 글을 읽고, 물음에 답해 봅시다.

사람은 사회 안에서 다른 사람과 관계를 맺으며 살아갑니다. 그렇다면 사회란 무엇일까요? 사회는 여러 ❶개인이 모여 서로 도우며 함께 살아가는 ❷집단을 말합니다. 사회는 하나만 있는 것이 아니라 다양한 형태로 나타납니다. 우리가 속한 가정뿐만 아니라 학급, 학교, 국가, 세계도 모두 사회입니다. 이처럼 사람들은 다양한 사회에 속하여 살아갑니다.

사람이 한 사회의 ❸구성원으로 살아가기 위해서는 필요한 것이 있습니다. 바로 '사회화'입니다. 사회화란 사람이 태어나 다른 사람들과 생활하면서 자신이 속한 사회에 필요한 언어와 예절, 지식, 가치관 등을 배우는 과정을 말합니다. 우리가 한국어를 배우고 익히는 것, 어른께 인사하는 법을 배우는 것 등이 모두 사회화입니다.

사회화는 개인적·사회적 측면에서 중요한 역할을 합니다. 사람들은 사회화를 통해 사회에서 어떻게 행동해야 하는지를 배우고, 자신이 살아가는 사회에 ❹소속감을 느낍니다. 이 과정에서 개인의 ❺개성과 정체성이 만들어지는데, 어느 사회에서 사회화되었느냐에 따라 그 사람의 특성이 달라지기도 합니다. 사회적 측면에서 사회화는 구성원들 간의 문화를 ❻공유하고 다음 세대에 전달하여 사회를 유지하고 발전시키는 역할을 합니다. 사회 구성원 간에 문화를 공유한다는 것은 구성원들의 가치관이나 행동이 비슷해지는 것을 의미합니다.

---

❶ **개인**: 이 세상에 하나뿐인 각각의 사람들.
❷ **집단**: 여럿이 모여 이룬 모임.
❸ **구성원**: 어떤 조직이나 단체를 이루고 있는 사람.
❹ **소속감**: 자신이 어떤 집단에 속해 있다는 느낌.
❺ **개성**: 다른 사람과 구별되는 그 사람만의 특성.
❻ **공유**: 두 사람 이상이 한 물건을 함께 가짐.

늑대가 키운 소녀

1920년 인도에서 늑대와 함께 자란 두 소녀가 발견되었습니다. 소녀들은 똑바로 걷지도 못하였고, 동물처럼 울부짖는 소리만 낼 뿐이었습니다. 사람들은 소녀들을 인간답게 만들기 위해 노력했지만, 결과는 좋지 않았습니다. 이처럼 사회화에도 시기가 중요합니다. 적절한 시기에 사회화가 이루어지지 않으면 제대로 되지 않을 가능성이 큽니다.

1 다음 낱말들을 모두 포함하는 이 글의 중심 낱말을 찾아 쓰세요.

가정　　학급　　학교　　국가　　세계

(　　　　　　)

2 개인과 사회에 대한 설명으로 알맞지 않은 것은 어느 것인가요? (　　　)

① 개인은 사회 안에 속하지 않아도 살아갈 수 있다.

② 개인은 이 세상에 하나뿐인 각각의 사람들을 말한다.

③ 사람은 사회 안에서 다른 사람과 관계를 맺으며 살아간다.

④ 사회는 하나만 있는 것이 아니라 다양한 형태로 나타난다.

⑤ 여러 개인이 모여 서로 도우며 함께 살아가는 집단을 사회라고 한다.

3 다음 설명은 무엇에 대한 것인지 이 글에서 찾아 쓰세요.

사람이 태어나 다른 사람들과 생활하면서 자신이 속한 사회에 필요한 언어와 예절, 지식, 가치관 등을 배우는 과정을 말한다.

(　　　　　　)

4 다음 빈칸에 들어갈 알맞은 말을 쓰세요.

사람들은 사회화를 통해 사회에서 어떻게 행동해야 하는지를 배우고, 자신이 살아가는 사회에 (　　　　)을/를 느낀다.

(　　　　　　)

5 사회화의 역할로 옳은 것에는 ○표, 옳지 않은 것에는 ×표 하세요.

(1) 사회화는 개인의 개성에 영향을 미친다. (　　　)

(2) 사람의 특성은 어느 사회에서 사회화되었느냐와 관계가 없다. (　　　)

(3) 사회적 측면에서 사회화는 구성원들 간의 문화를 공유하고 다음 세대에 전달하는 역할을 한다. (　　　)

하루 어휘

1 다음 낱말의 뜻으로 알맞은 것을 선으로 이어 보세요.

낱말	뜻
개성 •	• 여럿이 모여 이룬 모임.
개인 •	• 이 세상에 하나뿐인 각각의 사람들.
공유 •	• 두 사람 이상이 한 물건을 함께 가짐.
집단 •	• 다른 사람과 구별되는 그 사람만의 특성.

2 다음 문장에 들어갈 알맞은 낱말을 골라 ○표 하세요.

(1) 다시는 지각을 (안 / 않) 할게요.

(2) 이 다리는 육지와 섬을 (잇는 / 있는) 역할을 한다.

(3) 옷에 (밴 / 벤) 음식 냄새를 없애려고 향수를 뿌렸다.

3 다음 빈칸에 들어갈 말의 뜻을 보고, 알맞은 낱말을 보기에서 찾아 쓰세요.

보기	기대감	소속감	우월감	책임감

(1) 반장은 ☐☐☐이 강한 성격이다.
ㄴ 맡아서 해야 할 일이나 의무를 중요하게 여기는 마음.

(2) 우리 형은 자신의 외모에 ☐☐☐을 가지고 있다.
ㄴ 남보다 낫다고 여기는 생각이나 느낌.

(3) 동생은 내일 소풍에 대한 ☐☐☐으로 내내 신난 표정이다.
ㄴ 어떤 일이 이루어지기를 바라고 기다리는 마음.

(4) 학생은 학급의 구성원으로서 학급에 ☐☐☐을 가지는 것이 좋다.
ㄴ 자신이 어떤 집단에 속해 있다는 느낌.

8
일차
3
장

나의 희망 직업

정답 확인
하루한장 앱에서
학습 인증하고
하루템을 모으세요!

매체 독해

다음 포스터를 보고, 물음에 답해 봅시다.

옛날과 오늘날의 직업 체험
사람들은 어떤 일을 하며 살아갈까요?
옛날과 오늘날의 다양한 직업을 체험해 보고 직업에 대해 생각해 보는 시간을 가져요.
뱃사공
컴퓨터 그래픽 디자이너
전화 교환원
유전 공학자
물장수
영화 분장사

1 포스터에 나타난 직업을 옛날의 직업과 오늘날의 직업으로 나누어 쓰세요.

옛날의 직업과 오늘날의 직업

옛날의 직업	오늘날의 직업
•	•
•	•
•	•

다음 글을 읽고, 물음에 답해 봅시다.

사람들은 누구나 직업을 가지고 일을 하며 살아갑니다. 직업이란 살아가기 위해 일정 기간 동안 계속하는 일을 말합니다. 우리는 살아가려면 일정한 [1]소득이 필요합니다. 그래서 어른이 되면 돈을 벌기 위해 자신의 [2]적성과 능력을 고려한 직업을 가져야 합니다. 하지만 직업을 갖는 이유가 돈을 벌기 위해서만은 아닙니다. 사람들은 직업을 통해 만족감과 성취감을 느끼며 [3]자아실현을 할 수도 있고, 사회에 이바지하며 봉사를 할 수도 있습니다. 미리 자신의 적성을 잘 생각하여 희망 직업을 정해 두고, 그 목표를 위해 노력하면 행복하고 가치 있는 삶을 살 수 있습니다.

세상에는 다양한 직업이 있습니다. 직업은 기술의 발달과 사회의 변화로 사라지기도 하고 새로 생겨나기도 합니다. 전화 교환원이라는 직업을 알고 있나요? 처음 전화가 생겼을 때 전화를 건 사람과 전화를 받는 사람을 중간에서 연결해 주던 사람인데, 오늘날에는 자동식 전화로 바뀌면서 사라졌습니다. 또한, 오늘날에는 유튜브에 동영상을 만들어 올려 소득을 얻는 유튜버라는 직업이 새로 생겨나기도 하였습니다. 한편 직업은 자연환경에 따라 달라지기도 합니다. 농사짓기에 알맞은 지역에는 농부가 많고, 도시에는 공장이나 회사에서 일하는 사람이 많습니다.

직업 중에는 미래에 [4]유망한 [5]직종이 있습니다. 최근에는 드론이나 로봇, 인공 지능, 빅 데이터 등과 관련된 직업들이 주목받고 있습니다. 더 나아가 [6]3D프린터와 관련된 직업도 발전하고 있습니다. 희망 직업을 정하기 위해서는 여러 가지 새로운 직업에 관심을 가지고 정보를 많이 찾아보는 것이 좋습니다.

---

❶ **소득**: 어떤 일을 한 결과로 얻은 돈.
❷ **적성**: 어떤 일을 해낼 수 있는 개인의 능력 또는 소질.
❸ **자아실현**: 자신의 본래 모습을 잘 알고 원하는 목표를 이루는 것.
❹ **유망하다**: 앞으로 잘될 듯한 희망이나 전망이 있다.
❺ **직종**: 직업의 종류.
❻ **3D프린터**: 입력한 도면에 그려진 대로 글자나 그림이 아닌 입체적인 물건을 만들어 내는 기계.

우리나라 직업의 개수

우리나라에는 얼마나 많은 직업이 있을까요? 2020년 한국직업사전에 등록된 직업은 모두 16,891개입니다. 선생님만 하더라도 유치원 교사, 초등학교 교사, 중등학교 교사, 특수학교 교사, 대학 교수, 학원 강사 등 다양합니다.

1 이 글의 중심 낱말로 알맞은 것은 어느 것인가요? ( )

① 일 ② 직업 ③ 직장

④ 소득 ⑤ 자아실현

2 다음 빈칸에 들어갈 알맞은 말을 보기 에서 모두 골라 기호를 쓰세요.

보기 ㉠ 나이 ㉡ 능력 ㉢ 재산 ㉣ 적성

어른이 되면 자신의 ( )을/를 고려한 직업을 가져야 한다.

( )

3 오늘날 사라진 직업에는 '사', 새로 생긴 직업에는 '새'라고 쓰세요.

(1)

( )

(2)

( )

4 이 글에 나온 미래 유망 직종과 관련된 낱말을 모두 골라 색칠하세요.

드론	화가	로봇	3D프린터	학교	인공 지능

5 이 글에서 알 수 있는 내용으로 알맞지 않은 것은 어느 것인가요? ( )

① 직업은 자연환경에 따라 달라지기도 한다.

② 사람들은 직업을 통해 만족감과 성취감을 느낀다.

③ 직업은 기술의 발달과 사회의 변화로 사라지기도 한다.

④ 직업은 살아가기 위해 일정 기간 동안 계속하는 일이다.

⑤ 직업을 통해 자아실현은 할 수 있지만 사회에 이바지하는 것은 어렵다.

하루 어휘

1 다음의 뜻을 가진 낱말을 보기 에서 찾아 쓰세요.

보기	소득	자아실현	적성	직종

(1) 직업의 종류. ( )

(2) 어떤 일을 한 결과로 얻은 돈. ( )

(3) 어떤 일을 해낼 수 있는 개인의 능력 또는 소질. ( )

(4) 자신의 본래 모습을 잘 알고 원하는 목표를 이루는 것. ( )

2 다음 사진에 해당하는 외래어를 바르게 쓴 것에 ○표 하세요.

(1)
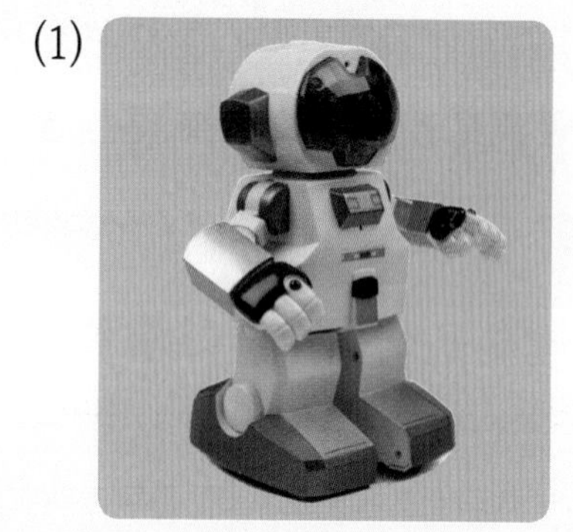
(로보트 / 로봇)

(2)

(케이크 / 케익)

(3)

(주스 / 쥬스)

3 다음 문장에서 '걷다'가 어떤 뜻으로 사용되었는지 선으로 이어 보세요.

아빠가 빨래를 걷다. •		• 다리를 움직여 바닥에서 발을 번갈아 떼어 옮기다.
아기가 아장아장 걷다. •		• 널거나 깐 것을 다른 곳으로 치우거나 한곳에 두다.

9
일차
4
장

저축을 해 보아요

정답 확인
하루한장 앱에서
학습 인증하고
하루템을 모으세요!

매체 독해

다음 용돈 기입장을 보고, 물음에 답해 봅시다.

날짜	내용	들어온 돈	나간 돈	남은 돈
2월 11일	이번 달 용돈	10,000원		10,000원
2월 12일	지우개 삼		500원	9,500원
2월 14일	초콜릿 사 먹음		700원	8,800원
2월 16일	세뱃돈 받음	20,000원		28,800원
2월 17일	떡볶이 사 먹음		1,500원	27,300원

1 용돈 기입장의 내용으로 옳은 것에는 ○표, 옳지 않은 것에는 ×표 하세요.

(1) 2월 11일에는 용돈으로 10,000원을 받았다. ( )

(2) 2월 12일에는 지우개를 사는 데 500원을 써서 3,000원이 남았다. ( )

(3) 2월 16일에는 세뱃돈 2만 원을 받아서 남은 돈이 28,800원이 되었다. ( )

(4) 2월 17일까지 남은 용돈은 1,500원이다. ( )

2 용돈으로 산 것을 모두 골라 색칠하세요.

사탕	연필	떡볶이	지우개	초콜릿

다음 글을 읽고, 물음에 답해 봅시다.

대부분의 가정에서는 직업을 통해 얻은 소득으로 살림을 꾸려 나갑니다. 소득으로 생활에 필요한 물건을 사기도 하고, 일부는 미래의 소비를 위해 저축하기도 합니다. 생활에 필요한 물건을 사기 위해 돈을 쓰는 것을 소비라고 합니다. 물건을 사는 것뿐만 아니라 사람들에게 필요한 것을 제공하는 ❶서비스에 돈을 쓰는 것도 소비입니다. 문구점에서 연필과 공책을 사거나 미용실에서 머리 손질을 받는 것은 모두 소비 활동의 모습입니다. 저축은 가지고 있는 돈 중 일부를 쓰지 않고 모아 두는 것을 말합니다. 저금통에 저축할 수도 있고, 은행에 저축해서 ❷이자를 받을 수도 있습니다.

사람이 살아가려면 밥을 먹어야 하고, 옷도 입어야 합니다. 집도 사거나 빌려야 하고, 몸이 아프면 병원에도 가야 합니다. 이처럼 소비는 우리가 살아가는 데 꼭 필요한 활동입니다. 소비를 할 때에는 자신의 소득보다 더 많은 돈을 쓰지 않도록 나에게 꼭 필요한 것인지 따져 보고 ❸합리적으로 해야 합니다.

미래에 ❹목돈이 필요할 때를 대비하여 저축이 필요합니다. 갑자기 몸이 아프거나 급하게 많은 돈이 필요할 때에는 저축한 돈이 도움이 됩니다. 또 집을 사거나 대학 입학, 결혼 등 미래에 하고 싶은 것을 하기 위해서도 저축이 필요합니다. ❺용돈을 현명하게 사용하려면 일부를 먼저 저축한 후에 계획을 세워 돈을 쓰는 것이 좋습니다. 이때 용돈 기입장을 쓰면 꼭 필요한 곳에 돈을 썼는지 확인할 수 있고, 용돈 사용 계획을 세우는 데 도움이 됩니다. 용돈 기입장에는 돈을 받거나 사용한 날짜, 금액과 그 내용, 남은 돈의 ❻액수를 적으면 됩니다.

---

❶ **서비스**: 사람들이 생활에 필요한 것을 만들거나 편리하도록 도와주는 활동.
❷ **이자**: 남에게 돈을 빌려 쓴 대가로 치르는 돈.
❸ **합리적**: 이치나 논리에 맞는 것.
❹ **목돈**: 한몫이 될 만한, 비교적 많은 돈.
❺ **용돈**: 개인이 자질구레하게 쓰는 돈. 또는 특별한 목적을 갖지 않고 자유롭게 쓸 수 있는 돈.
❻ **액수**: 가격을 나타내는 수치.

저축이 먼저일까, 소비가 먼저일까

저축과 소비, 두 가지가 모두 중요합니다. 그렇지만 소득이 생겼을 때 소비를 먼저 하고 남은 돈을 저축한다면 저축을 하지 못하게 될 수도 있습니다. 따라서 저축을 많이 하려면 저축 계획을 먼저 세워 저축한 다음에 남은 돈으로 소비하는 습관을 가지는 것이 좋습니다.

1 사람들이 직업을 통해 얻은 소득으로 생활에 필요한 것을 사기 위해 돈을 쓰는 것을 무엇이라고 하는지 쓰세요.

2 소비에 대한 설명으로 옳은 것에는 ○표, 옳지 않은 것에는 ×표 하세요.

(1) 우리가 입을 옷을 사는 것은 소비에 해당한다. ( )

(2) 소비는 우리가 살아가는 데 꼭 필요한 것은 아니다. ( )

(3) 소비를 하기 전에는 나에게 꼭 필요한 것인지 따져 보아야 한다. ( )

3 저축이 필요한 까닭으로 알맞은 것을 모두 골라 ○표 하세요.

- 대학 입학, 결혼 등 미래에 하고 싶은 것을 하기 위해서 ☐
- 큰돈을 모아 비싼 물건을 사서 다른 사람에게 자랑하기 위해서 ☐
- 몸이 아프거나 급하게 많은 돈이 필요할 때를 대비하기 위해서 ☐

4 다음 용돈 기입장에 적혀 있지 않은 것은 어느 것인가요? ( )

날짜	받은 돈	사용한 돈	남은 돈
8월 20일	5,000원		8,000원
8월 23일		1,000원	7,000원

① 남은 돈의 액수
② 받은 돈의 액수
③ 사용한 돈의 액수
④ 돈을 받거나 사용한 날짜
⑤ 돈을 받거나 사용한 내용

5 이 글에서 알 수 있는 내용으로 알맞지 않은 것은 어느 것인가요? ( )

① 은행에 저축을 하면 이자를 받을 수 있다.
② 소득으로 소비를 하기도 하고 저축을 하기도 한다.
③ 미용실에서 머리 손질을 받는 것은 소비 활동이다.
④ 용돈 기입장을 쓰면 꼭 필요한 곳에 돈을 썼는지 확인할 수 있다.
⑤ 가지고 있는 돈을 쓰지 않고 모두 저축을 해야 미래에 대비할 수 있다.

하루 어휘

1 다음 낱말의 뜻과 초성을 참고하여 문장의 빈칸에 들어갈 알맞은 낱말을 쓰세요.

(1) 나는 매달 부모님께 [ㅇ][ㄷ] 을/를 받는다.

└ 개인이 자질구레하게 쓰는 돈.

(2) 매달 용돈을 저축해서 [ㅁ][ㄷ] 을/를 만들었다.

└ 한몫이 될 만한, 비교적 많은 돈.

(3) 은행은 돈을 빌려주고 그 [ㅇ][ㅈ] (으)로 돈을 벌어들인다.

└ 남에게 돈을 빌려 쓴 대가로 치르는 돈.

2 다음 빈칸에 들어갈 알맞은 낱말을 보기에서 찾아 쓰세요.

보기	꾸리다	빌리다	세우다

(1) 도서관에서 책을 [ ][ ][ ].

(2) 결혼을 해서 가정을 [ ][ ][ ].

(3) 무엇을 할지 계획을 [ ][ ][ ].

3 다음 문장에서 '먹다'가 어떤 뜻으로 사용되었는지 번호를 쓰세요.

먹다
① 음식 따위를 입을 통하여 배 속에 들여보내다.
② 어떤 마음이나 감정을 품다.

(1) 아까 김밥을 먹어서 배가 부르다. ( )

(2) 이번에는 계획표를 잘 지키기로 굳게 마음을 먹었다. ( )

10
일차
5
장

정보화와 우리 생활

정답 확인
하루한장 앱에서
학습 인증하고
하루템을 모으세요!

매체 독해

다음 공익 광고를 보고, 물음에 답해 봅시다.

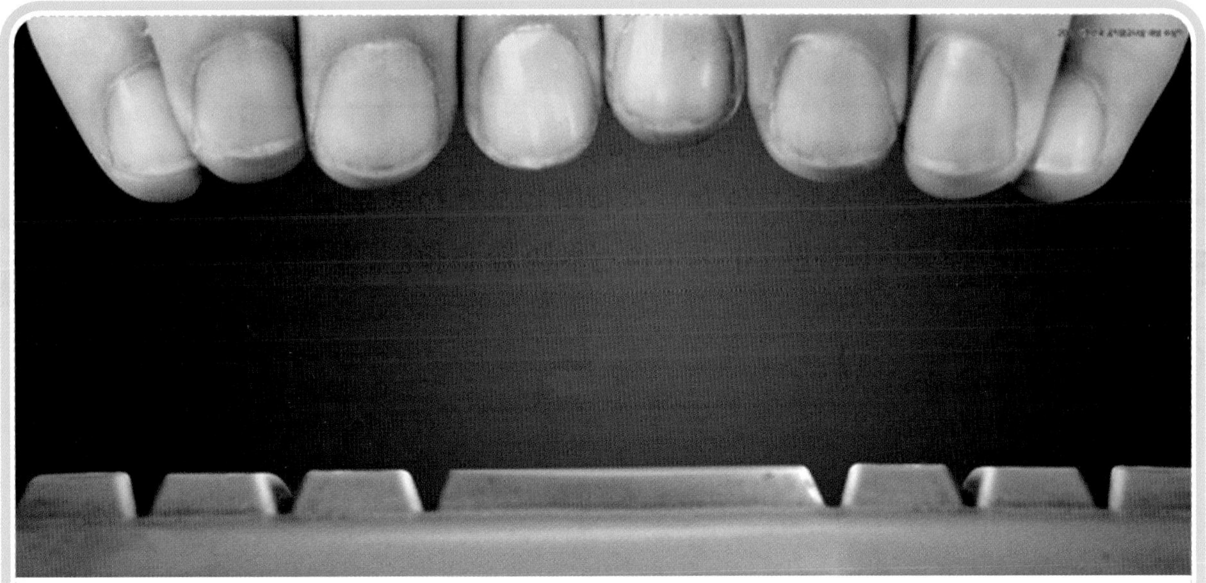

인터넷 언어, 교정이 필요하시군요

잘못된 인터넷 언어 사용, 이제 바로잡아야 합니다.
잘못된 네티켓, 이제 바로잡아야 합니다.
올바른 언어 사용은 인터넷 문화를 위한 가장 기본적인 예절입니다.

[출처: 한국방송광고진흥공사]

1 ‘틀어지거나 잘못된 것을 바로잡음.’을 뜻하는 낱말을 광고에서 찾아 쓰세요.

2 공익 광고에서 전하고 싶어 하는 말은 어느 것인가요? (　　　)

① 인터넷 사용 시간을 줄이자.
② 나쁜 말은 남몰래 숨어서 쓰자.
③ 대화를 할 때에는 얼굴을 보고 말하자.
④ 인터넷에서 올바른 언어를 사용하고 예절을 지키자.
⑤ 인터넷 외의 공간에서도 올바른 언어를 사용하고 예절을 지키자.

다음 글을 읽고, 물음에 답해 봅시다.

요즘 사람들은 많은 ❶정보를 활용하며 살아갑니다. 좋은 물건을 싸게 사기 위해 물건의 가격을 미리 알아보고, 날씨에 맞는 옷차림을 위해 날씨 정보를 확인합니다. 사회가 발전해 나가는 데 이러한 정보가 중요한 ❷자원이 되어 중심 역할을 담당하는 것을 정보화라고 하고, 그런 변화가 나타나는 사회를 정보 사회라고 합니다.

정보화로 우리는 필요한 정보를 언제 어디서나 쉽고 빠르게 얻을 수 있습니다. 우리나라뿐만 아니라 세계 여러 나라에서 일어난 일도 집에서 쉽고 빠르게 알 수 있습니다. 집에서도 수업을 들을 수 있고, ❸재택근무도 가능해졌습니다. 또 가게에 직접 가지 않아도 쉽게 물건을 살 수 있습니다. 이처럼 정보화가 활발하게 이루어지면서 사람들의 생활은 더욱 편리해졌습니다.

정보 사회의 ❹급격한 발전은 우리 생활을 편리하게 만들어 주었지만, 여러 가지 문제점도 생겨났습니다. 누리 소통망 서비스(SNS), 인터넷 등을 이용하면서 안 좋은 댓글을 쓰거나 거짓 소문을 내기도 하고, 개인 정보가 ❺유출되는 문제도 발생하였습니다. 또 ㉠인터넷이나 스마트폰 ❻의존 현상도 심해지고 있습니다. 이러한 문제점을 해결하는 방법에는 어떤 것들이 있을까요? 인터넷이나 스마트폰으로 대화할 때에는 예의를 지켜야 합니다. 자신과 다른 사람의 개인 정보를 소중히 보호하고, 인터넷과 스마트폰은 사용 시간을 정해서 사용하는 것이 좋습니다. 또한, 다른 사람의 자료를 허락 없이 함부로 사용하거나 내려받으면 안 됩니다.

---

❶ **정보**: 실제 문제에 도움이 될 수 있도록 정리한 지식이나 자료.
❷ **자원**: 인간 생활 및 경제 생산에 이용되는 노동력이나 기술 따위를 통틀어 이르는 말.
❸ **재택근무**: 집에서 통신 기계를 이용해 회사의 업무를 보는 일.
❹ **급격하다**: 변화하는 움직임이 급하고 세차다.
❺ **유출**: 밖으로 흘러 나가거나 흘려 내보냄.
❻ **의존**: 다른 것에 의지하여 있음.

사이버 공간에서의 예절, 네티켓

인터넷과 같은 사이버 공간에서 사용자가 기본적으로 지켜야 하는 예절을 네트워크 에티켓, 줄여서 네티켓이라고 합니다. 상대가 눈에 보이지 않는다고 함부로 대해서는 안 되며, 상대를 존중하는 태도로 예의 바르게 행동해야 합니다.

1 다음 빈칸에 들어갈 알맞은 말을 쓰세요.

사회가 발전해 나가는 데 (　　　　　)이/가 중요한 자원이 되어 중심 역할을 담당하는 것을 정보화라고 하고, 그런 변화가 나타나는 사회를 정보 사회라고 한다.

2 정보화로 달라진 생활 모습으로 옳은 것에는 ○표, 옳지 않은 것에는 ×표 하세요.

(1) 물건을 살 때에는 반드시 가게에 직접 가야 한다. (　　　)

(2) 회사에 가지 않고도 집에서 회사 일을 할 수 있다. (　　　)

(3) 세계 여러 나라에서 일어난 일을 집에서 쉽고 빠르게 알 수 있다. (　　　)

3 밑줄 친 ㉠과 같은 문제를 겪고 있는 사람의 이름을 쓰세요.

- 현태: 집에 인터넷 기기가 없어서 정보를 마음껏 이용할 수가 없어.
- 슬아: 밤새 인터넷 게임을 하다가 지각할 뻔했어. 학교를 가지 않고 인터넷 게임만 하면 좋겠어.

(　　　　　　　)

4 정보 사회의 문제점을 해결하는 방법을 보기 에서 골라 기호를 쓰세요.

보기

㉠ 인터넷으로 대화할 때에도 예의를 지킨다.
㉡ 인터넷에 올라온 모든 자료는 마음껏 사용하고 내려받는다.
㉢ 다른 사람의 개인 정보보다 나의 개인 정보를 소중히 보호한다.

(　　　　　　　)

5 이 글에서 알 수 있는 내용으로 알맞지 않은 것은 어느 것인가요? (　　　)

① 정보 사회에는 지켜야 할 예절이 있다.

② 우리가 살아가는 사회는 정보 사회이다.

③ 인터넷 상에서 개인 정보는 보호할 필요가 있다.

④ 정보 사회의 급격한 발전으로 생활이 불편해지고 문제점도 생겨났다.

⑤ 정보화로 필요한 정보를 언제 어디서나 쉽고 빠르게 얻을 수 있게 되었다.

하루 어휘

1 다음 밑줄 친 낱말의 뜻으로 알맞은 것을 선으로 이어 보세요.

비밀이 유출된 것 같다. •	• 다른 것에 의지하여 있음.
책에서 필요한 정보를 찾다. •	• 밖으로 흘러 나가거나 흘려 내보냄.
부모님께 의존하여 살고 있다. •	• 실제 문제에 도움이 될 수 있도록 정리한 지식이나 자료.

2 다음 뜻을 참고하여 문장의 빈칸에 들어갈 알맞은 낱말을 쓰세요.

가게	작은 규모로 물건을 파는 집.
가계	한집안 살림의 수입과 지출의 상태.

(1)

엄마는 매일 [ ][ ]부를 쓰신다.

(2)

그 [ ][ ]는 항상 손님들이 줄을 서서 기다린다.

3 다음 빈칸에 들어갈 알맞은 낱말을 보기 에서 찾아 쓰세요.

보기	미리	직접	함부로

(1) 소풍날 입을 옷을 (   ) 입어 보았다.

(2) 그 아이는 예의 없이 (   ) 행동하였다.

(3) 그 상황을 (   ) 본 것은 아니고 형에게 전해 들었다.

신나는 퍼즐 퍼즐

주제2 사회 속의 나

끝말잇기 놀이를 하면서, 주제2에서 공부한 낱말의 뜻을 다시 한번 떠올려 봐요.

정답 확인

일정한 땅과 거기에 사는 국민과 그들을 다스리는 통치 조직을 가진 집단.
□□ → 한 가족이 생활하는 집.
□□ → 변하지 않는 고유한 본래의 모습.
□□□ → 사람이나 동식물 따위가 자라서 점점 커짐.
□□ → 어떤 일이 이루어지거나 일어나는 곳.
□□ → 어떤 일을 한 결과로 얻은 돈.
□□

남을 위하여 힘을 바쳐 애씀. 예 □□ 활동
□□ → 사람이 태어나 다른 사람들과 생활하면서 필요한 언어와 예절, 가치관 등을 배우는 과정.
□□□ → 화재 → 집에서 통신 기계를 이용해 회사의 업무를 보는 일.
□□□□

다른 사람과 구별되는 그 사람만의 특성.
□□ → 목적한 바를 이루었다는 느낌.
□□□ → 어떤 일에 대하여 일어나는 마음이나 느끼는 기분.
□□ → 실제 문제에 도움이 될 수 있도록 정리한 지식이나 자료.
□□ → 보물 → 물을 길어다 팔거나 집으로 물을 길어다 주는 것을 직업으로 하는 사람.
□□□ → 교사가 학생에게 지식이나 기능을 가르쳐 줌. 비슷 강의
□□

주제 3

소중한 가족

이번 주에 공부할 내용에 대한 주간 학습 계획을 세워 보세요.

공부할 내용		교과 연계	공부한 날	스스로 평가
1장	가족의 소중함을 알아보아요	여름 2-1 [1단원], 사회 3-2 [3단원]	월 일	
2장	가족 구성원의 역할은 어떻게 변했을까요	여름 2-1 [1단원], 사회 3-2 [3단원]	월 일	
3장	내가 할 수 있는 집안일	여름 2-1 [1단원], 사회 3-2 [3단원]	월 일	
4장	다양한 가족의 생활 모습	여름 2-1 [1단원], 사회 3-2 [3단원]	월 일	
5장	서로 다른 문화의 사람이 만나 이룬 가족, 다문화 가족	여름 2-1 [1단원], 사회 3-2 [3단원]	월 일	

11
일차
1
장

가족의 소중함을 알아보아요

정답 확인
하루한장 앱에서
학습 인증하고
하루템을 모으세요!

매체 독해

다음 솔이의 블로그 글을 읽고, 물음에 답해 봅시다.

내 동생이 태어난 날

주말인 오늘, 우리 가족은 모두 병원에 있었다. 왜냐하면 내 동생이 태어나는 날이기 때문이다. 병원에서 엄마, 아빠와 함께 병실에 있다가 할머니가 오셔서 나를 돌봐 주셨다. 나는 할머니와 함께 지하에 있는 매점에 갔다. 맛있는 간식을 사 먹을 생각에 뛰어가다가 다른 친구와 부딪혀 넘어졌다. 할머니께서 공공장소에서는 뛰면 안 된다고 알려 주셨고, 나는 다음부터는 그러지 않겠다는 약속을 했다.

몇 시간 후, 기다리던 여동생이 태어났다. 정말 기뻤다. 앞으로 아빠, 엄마와 함께 내 동생을 많이 사랑해 주어야겠다.

1 솔이네 가족이 모두 병원에 있었던 까닭으로 알맞은 것에 색칠하세요.

할머니의 병문안을 갔기 때문에	솔이가 아파서 입원하였기 때문에	솔이의 동생이 태어난 날이기 때문에

2 솔이가 쓴 글의 내용과 맞은 것에는 ○표, 맞지 않은 것에는 ×표 하세요.

(1) 오늘 태어난 솔이의 동생은 남자아이이다. (　　　)

(2) 솔이는 할머니와 함께 간식을 사러 지하에 있는 매점에 다녀왔다. (　　　)

(3) 할아버지께서 솔이에게 공공장소에서 뛰면 안 된다고 알려 주셨다. (　　　)

다음 글을 읽고, 물음에 답해 봅시다.

우리는 가족과 함께 생활하고 있습니다. 가족이란 부부와 같이 결혼으로 맺어지거나 부모, 자녀와 같이 핏줄로 맺어진 사람들을 말합니다. [1]입양으로 부모와 자녀의 인연을 맺고 가족을 이루는 사람들도 있습니다. 대부분의 사람들은 가족의 구성원으로 태어나 그 안에서 사회인으로 자라게 됩니다. 그래서 가족은 사회를 구성하는 가장 기본적인 단위이며, 사회를 유지하는 데 필요한 기초적인 교육과 [2]양육을 담당합니다.

가족은 구성원들의 원만한 생활과 사회의 유지·발전을 위하여 다양한 기능을 합니다. 먼저 아이를 낳아 기르는 출산과 양육의 기능이 있습니다. 가족의 이러한 기능을 통해 사회는 유지되고 발전해 나갑니다. 가족은 자녀가 사회 구성원으로 성장해 나갈 수 있도록 교육을 하거나 사회화를 돕는 기능도 있습니다. 가족은 서로 사랑을 주고받으며 정서적 안정을 얻게 하는 기능도 있고, 가족이 피로를 회복할 수 있도록 돕는 휴식의 기능도 있습니다. 또한, 가정 안에서 필요한 것을 생산하거나 소비하는 경제적 기능도 있습니다.

가족의 기능은 사회나 시대에 따라 다양하게 나타나며, 끊임없이 변해 왔습니다. 오늘날에는 아이를 낳지 않거나 아이를 입양하는 사람들이 늘어나면서 출산의 기능이 약해졌습니다. 또 유치원이나 학교, 학원이 늘어나면서 교육의 기능도 줄었습니다. 옛날에는 노인을 [3]부양하는 기능도 가족이 담당했지만, 지금은 [4]양로원, [5]요양원 등이 이를 대신하고 있습니다. 이처럼 사회가 변화하면서 가족의 기능이 변화하고, 가족의 기능 중 일부를 사회의 다양한 기관에서 [6]수행하게 되었습니다.

---

❶ **입양**: 핏줄로 맺어진 관계가 아닌 법을 통해 부모와 자녀의 관계를 맺는 것.
❷ **양육**: 아이를 보살펴서 자라게 함.
❸ **부양하다**: 생활 능력이 없는 사람의 생활을 돌보다.
❹ **양로원**: 의지할 데 없는 노인을 받아들여 돌보는 시설.
❺ **요양원**: 환자들이 쉬면서 치료받을 수 있도록 시설을 갖추어 놓은 곳.
❻ **수행하다**: 생각하거나 계획한 대로 일을 해내다.

가족과 가정의 차이

가족과 가정은 비슷한 말이지만, 서로 다른 의미가 있습니다. 가족은 혈연, 혼인, 입양 등으로 맺어져 일상생활을 함께하는 사람들을 말하고, 이 가족들이 모여 함께 생활하는 곳을 가정이라고 합니다.

1 이 글의 중심 낱말로 알맞은 것은 어느 것인가요? ( )

① 가족 ② 결혼 ③ 교육 ④ 사회 ⑤ 핏줄

2 이 글에 나온 가족에 대한 설명으로 알맞지 않은 것은 어느 것인가요? ( )

① 가족은 사회를 구성하는 가장 기본적인 단위이다.

② 가족은 서로 사랑을 주고받으며 정서적 안정을 얻기도 한다.

③ 가족의 기능은 시대에 따라 변화하지 않고 그대로 유지된다.

④ 가족은 사회를 유지하는 데 필요한 기초적인 교육과 양육을 담당한다.

⑤ 오늘날에는 가족의 기능 중 일부를 사회의 다양한 기관에서 수행하고 있다.

3 가족의 기능 중 가족이 피로를 회복할 수 있도록 돕는 것을 찾아 ○표 하세요.

경제적 기능 ☐ 휴식의 기능 ☐ 사회화 기능 ☐

4 다음 빈칸에 들어갈 알맞은 말을 보기 에서 찾아 쓰세요.

보기 교육 부양 양육 요양 입양

오늘날에는 아이를 낳지 않거나 아이를 ( )하는 사람들이 늘어나면서 가족의 기능 중에서 출산의 기능이 약해졌다.

( )

5 노인을 부양하는 가족의 기능을 오늘날 대신하고 있는 곳은 어디인가요? (정답 2개)

( )

① 학원 ② 고아원 ③ 양로원

④ 요양원 ⑤ 유치원

1 다음의 뜻을 가진 낱말을 보기 에서 찾아 쓰세요.

보기 부양하다 수행하다 양로원 요양원

(1) 생각하거나 계획한 대로 일을 해내다. ( )

(2) 생활 능력이 없는 사람의 생활을 돌보다. ( )

(3) 의지할 데 없는 노인을 받아들여 돌보는 시설. ( )

(4) 환자들이 쉬면서 치료받을 수 있도록 시설을 갖추어 놓은 곳. ( )

2 다음 낱말의 뜻을 보고, 문장의 빈칸에 들어갈 알맞은 낱말을 찾아 쓰세요.

교육	지식과 기술 따위를 가르치며 길러 냄.
보육	어린아이를 돌보아 기름.

(1) 학교에서 예절 [|] 을/를 실시하였다.

(2) 어린이집이나 유아원은 대표적인 [|] 시설이다.

3 다음 그림을 보고 빈칸에 들어갈 알맞은 낱말을 골라 ○표 하세요.

(1)

닭이 알을

(낳다 / 낫다).

(2)

선생님이 국어를

(가리키다 / 가르치다).

가족 구성원의 역할은 어떻게 변했을까요

다음 포스터를 보고, 물음에 답해 봅시다.

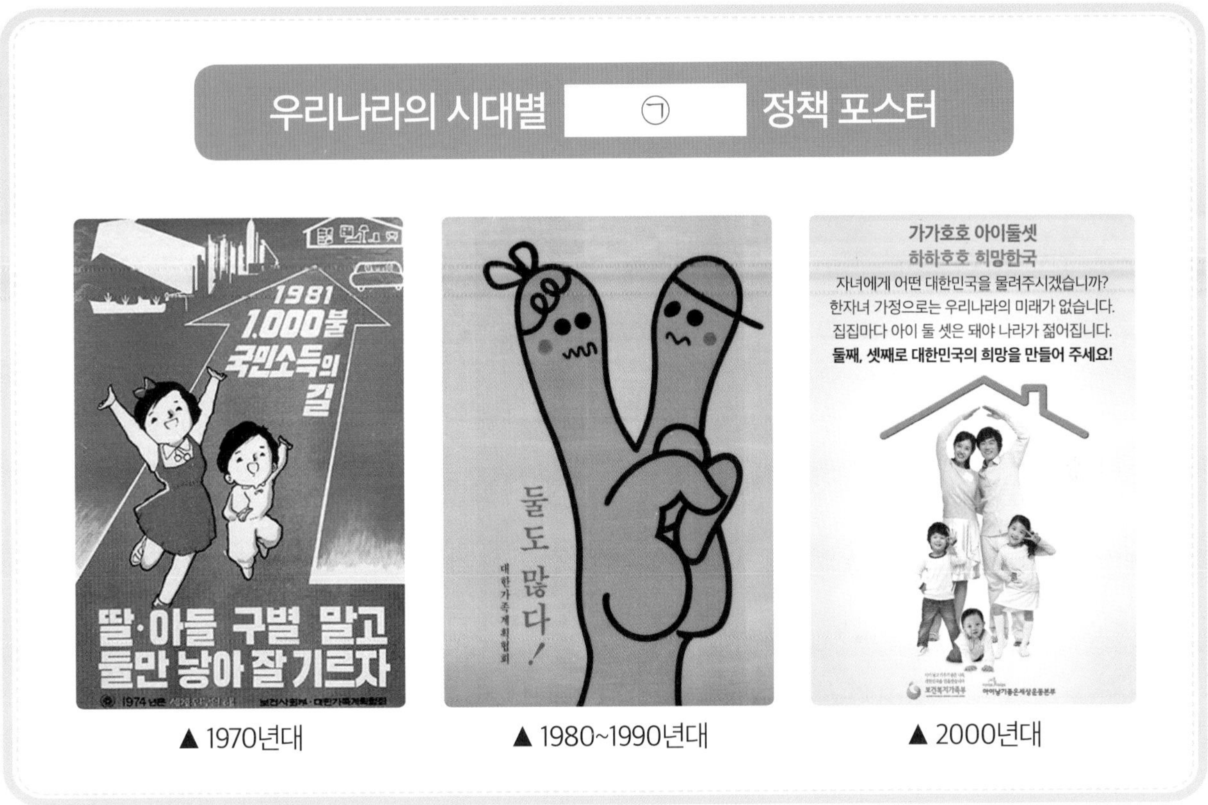

▲ 1970년대 ▲ 1980~1990년대 ▲ 2000년대

1 ㉠에 들어갈 말로 알맞은 것은 어느 것인가요? (　　　　)

① 경제　② 교통　③ 기후
④ 인구　⑤ 환경

2 포스터를 보고 빈칸에 들어갈 알맞은 말을 골라 ○표 하세요.

(1) 1970년대에는 딸, 아들 구별 말고 (하나 / 둘)만 낳아 잘 기르자고 하였다.

(2) 1980~1990년대에는 인구가 (줄어들어서 / 많아져서) 둘도 많다고 하였다.

(3) 2000년대에는 출산율이 낮아져서 아이를 (적게 / 많이) 낳자고 하였다.

다음 글을 읽고, 물음에 답해 봅시다.

사회가 발전하고 다양해지면서 가족의 형태도 계속 변화하고 있습니다. 농사를 주로 짓던 옛날에는 확대 가족이 많았는데 오늘날에는 새로운 일자리를 찾아 사람들이 도시로 이동하면서 핵가족이 더 많아졌습니다. 또, 결혼하지 않고 혼자 사는 사람이 늘어나고, 결혼을 늦게 하거나 결혼을 해도 아이를 갖지 않는 가정이 늘어나면서 가족 구성원의 수에도 변화가 나타났습니다. 이에 따라 1인 ❶가구나 2인 가구가 늘어나고 있습니다.

가족 형태의 변화로 인해 가족 구성원의 역할도 변하였습니다. 옛날에는 할아버지와 할머니, 아버지와 어머니, 자녀가 함께 살았기 때문에 가족 내의 ❷규율이 중요했습니다. 그래서 ❸가장이 가족 구성원에 대하여 강력한 권한을 가지고 이끌어 가는 가부장제가 기본이었습니다. 하지만 요즘은 가족 구성원 각자의 ❹자율성을 강조하고, 남녀 간 ❺평등을 추구하는 ❻수평적 관계로 변해 가고 있습니다.

가족 구성원 간의 평등한 모습은 어떻게 만들어질 수 있을까요? 모든 가족이 각자 역할을 나누어 집안일을 함께 하는 것이 중요합니다. 식사 준비는 어머니가 하고, 빨래와 청소는 아버지가 하는 식으로 일을 나눌 수 있습니다. 자녀들은 자기의 물건을 직접 정리하거나 간단한 식사 준비를 돕는 것이 좋습니다. 또한, 가정의 중요한 일은 가족회의를 통해 부모와 자녀가 함께 결정하고, 서로의 의견을 존중하는 태도가 필요합니다. 이러한 노력을 통해 가족 구성원은 각자의 역할에 충실할 수 있게 됩니다.

---

❶ **가구**: 한집에서 함께 먹고 자는 사람들로 이루어진 단위.
❷ **규율**: 질서나 제도를 유지하기 위하여 정하여 놓은 본보기.
❸ **가장**: 한 가정을 이끌어 나가는 사람.
❹ **자율성**: 어떤 일을 하거나 결정할 때 자기 스스로 하는 것.
❺ **평등**: 권리, 의무, 자격 등이 차별 없이 고르고 한결같음.
❻ **수평적**: 대등하거나 평등한 관계로 이루어지는. 또는 그런 것.

또 하나의 가족, 독신 가족

형제자매 혹은 배우자 없이 혼자 사는 사람으로 이루어진 가족을 말합니다. 한 사람으로 이루어져 '나 홀로 가족', '1인 가족'이라고도 부릅니다. 이러한 독신 가족이 해마다 늘어남에 따라 나라에서도 독신 가족을 위한 지원 방법을 마련하고 있습니다.

1 다음 문장에 들어갈 알맞은 낱말을 골라 ○표 하세요.

오늘날에는 새로운 일자리를 찾아 사람들이 도시로 이동하면서 (확대 가족 / 핵가족)이 더 많아졌다.

2 오늘날의 가족 형태에 대한 설명으로 옳은 것에는 ○표, 옳지 않은 것에는 ×표 하세요.

(1) 1인 가구나 2인 가구는 줄어들고 있다. (　　　)

(2) 결혼을 해도 아이를 갖지 않는 가정이 늘었다. (　　　)

(3) 옛날보다 가족 구성원의 수는 크게 변하지 않았다. (　　　)

3 평등한 가족의 역할이 확산되면서 중요해진 것을 찾아 색칠하세요.

가부장제	가족 내 규율	가족 구성원의 자율성

4 바람직한 가족 구성원의 역할에 대해 바르게 말한 사람의 이름을 쓰세요.

- 상희: 가정의 중요한 일은 모두 어른들이 알아서 결정하실 거야.
- 여준: 집안일은 모든 가족이 각자 역할을 나누어 함께 하는 것이 중요해.
- 경수: 아버지와 어머니께서 하실 일은 따로 정해져 있어. 어머니는 집안일을 하시고 아버지는 돈을 벌어 오셔.

(　　　　　　　)

5 이 글에서 알 수 있는 내용으로 알맞은 것은 어느 것인가요? (　　　)

① 1인 가구가 늘어나 사회 경제에 도움이 되고 있다.

② 사회의 변화는 가족 형태의 변화에 영향을 미치지 않는다.

③ 요즘은 남녀 간 평등을 추구하는 수직적 관계로 변화하고 있다.

④ 가족 구성원 간의 평등한 모습은 가족 모두의 노력으로 만들어진다.

⑤ 오늘날 평등한 가족의 역할이 유지되는 것은 가족 내의 규율이 엄격하기 때문이다.

하루 어휘

1 다음 낱말의 뜻으로 알맞은 것을 선으로 이어 보세요.

낱말		뜻
가구 •		• 어떤 일을 하거나 결정할 때 자기 스스로 하는 것.
규율 •		• 한집에서 함께 먹고 자는 사람들로 이루어진 단위.
자율성 •		• 질서나 제도를 유지하기 위하여 정하여 놓은 본보기.

2 다음 낱말의 뜻을 보고, 문장에 들어갈 알맞은 낱말을 골라 ○표 하세요.

낱말	뜻
갖다	생각, 태도, 사상 따위를 마음에 품다.
같다	서로 다르지 않고 하나이다.

(1) 진아네 식구는 모두 혈액형이 (갖다 / 같다).

(2) 동생은 내가 그리는 그림에 관심을 (갖지 / 같지) 않았다.

3 다음 밑줄 친 낱말과 바꾸어 쓸 수 있는 낱말을 보기에서 찾아 쓰세요.

보기: 각자 모든 함께

(1) 비가 와서 친구와 <u>같이</u> 우산을 썼다. – ☐☐

(2) 우리는 쌍둥이지만 <u>각각</u> 좋아하는 음식이 다르다. – ☐☐

(3) 올림픽이 시작되자 <u>전</u> 국민이 한마음으로 응원하였다. – ☐☐

내가 할 수 있는 집안일

하루한장 앱에서
학습 인증하고
하루템을 모으세요!

다음 가족들의 대화를 보고, 물음에 답해 봅시다.

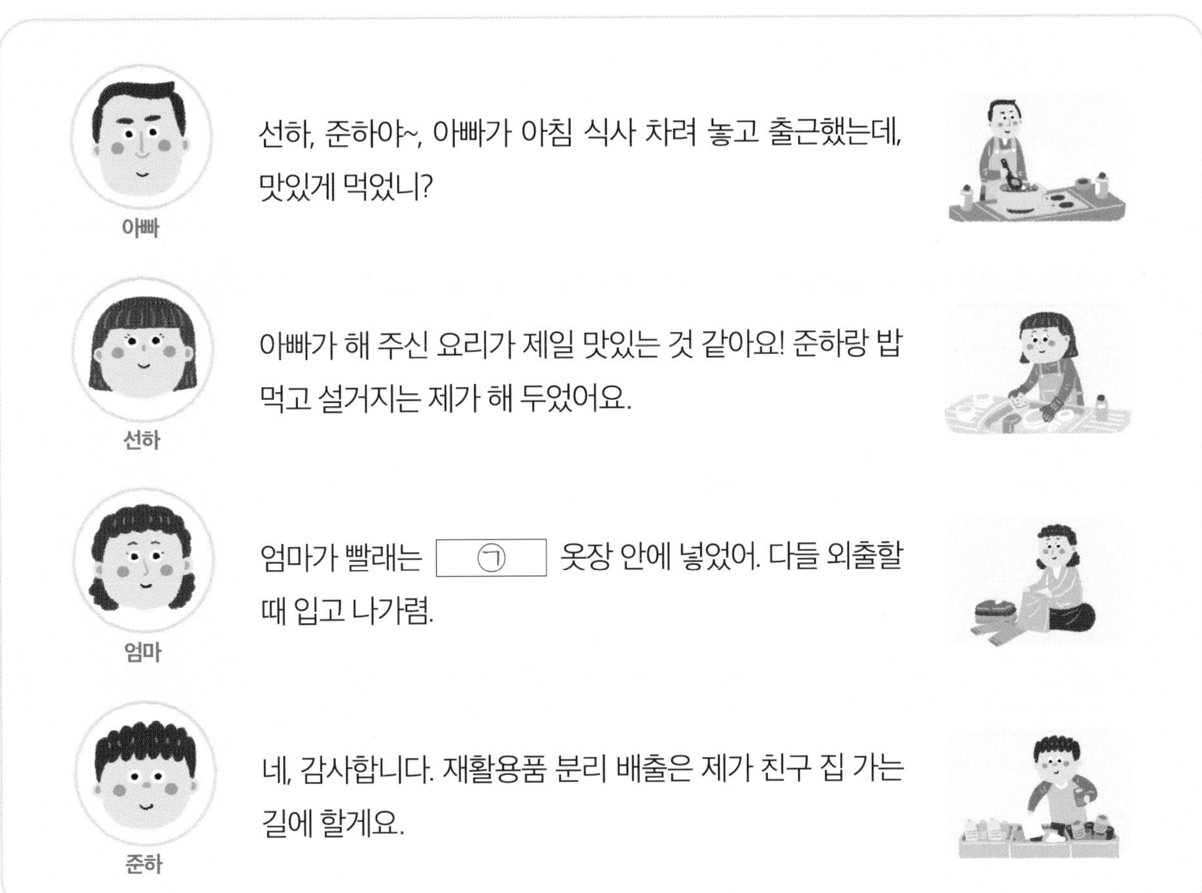

아빠
선하, 준하야~, 아빠가 아침 식사 차려 놓고 출근했는데, 맛있게 먹었니?
선하
아빠가 해 주신 요리가 제일 맛있는 것 같아요! 준하랑 밥 먹고 설거지는 제가 해 두었어요.
엄마
엄마가 빨래는 ㉠ 옷장 안에 넣었어. 다들 외출할 때 입고 나가렴.
준하
네, 감사합니다. 재활용품 분리 배출은 제가 친구 집 가는 길에 할게요.

1 대화에서 ㉠에 들어갈 말로 알맞은 것은 어느 것인가요? (　　　　)

① 풀어서　② 묶어서　③ 개켜서　④ 담가서　⑤ 기울여서

2 대화를 보고 알 수 있는 내용을 보기 에서 모두 골라 기호를 쓰세요.

㉠ 집안일은 모두 부모님께서 하신다.
㉡ 준하는 집안일을 전혀 하지 않는다.
㉢ 가족들이 집안일을 모두 나눠서 하고 있다.
㉣ 선하는 자신이 할 수 있는 집안일을 찾아서 하고 있다.

(　　　　　　　　)

다음 글을 읽고, 물음에 답해 봅시다.

가족이 건강하고 편안한 생활을 하기 위해 청소, 요리, 빨래, 정리 [1]정돈처럼 집에서 해야 할 일들이 있습니다. 이러한 일들을 [2]통틀어 집안일이라고 합니다. 그렇다면 집안일은 누가 해야 할까요? 집안일을 혼자서 하기는 힘듭니다. 집안일은 종류가 무척 많고, 늘 [3]반복적으로 해야 하므로 힘이 많이 들기 때문입니다. 그러므로 집안일을 하는 사람이 따로 정해져 있다는 생각을 버리고 가족 구성원 모두가 역할을 나누어서 하면 금방 끝낼 수 있습니다. 또한, 집안일을 가족 구성원들이 서로 도우며 함께 하면 행복한 가정을 만들 수 있습니다.

집안일에는 우리가 쉽게 할 수 있는 것들이 아주 많습니다. 불을 다루는 요리처럼 위험한 일은 아직 할 수 없지만, 그것 말고 스스로 할 수 있는 집안일의 종류는 매우 많습니다. 요리는 할 수 없어도 반찬을 차리거나 식사 도구를 놓는 등 식사 준비를 돕는 일은 우리가 충분히 할 수 있는 일입니다. 내 방을 스스로 정리하고 청소하는 일과 자고 일어나서 침대를 정리하는 일도 집안일을 [4]분담할 수 있는 좋은 방법입니다. 이 외에도 옷을 개는 일, 화분에 물을 주는 일, 쓰레기를 분리수거 하는 일도 할 수 있습니다. 부모님이 부탁하실 때에는 나이 어린 동생을 돌보고, 집에서 키우는 [5]반려동물의 먹이도 챙겨 줄 수 있습니다. 가족 구성원의 한 사람으로서 가족의 행복을 위해 내가 할 수 있는 집안일을 정하고, 구체적으로 계획을 세워 실천해 봅시다.

---

❶ **정돈**: 어지럽게 흩어진 것을 가지런히 바로잡아 정리함.
❷ **통틀어**: 있는 대로 모두 합하여.
❸ **반복**: 같은 일을 되풀이함.
❹ **분담**: 나누어서 맡음.
❺ **반려동물**: 사람이 정서적으로 의지하고자 가까이 두고 기르는 동물. 개, 고양이, 새 따위가 있음.

집안일을 도와주는 로봇

아침에 일어나 로봇이 차려 준 밥을 먹는 생활을 상상해 본 적 있나요? 이렇게 사람이 하던 집안일을 로봇이 대신하는 세상이 점차 현실로 다가오고 있습니다. 인공 지능과 로봇 기술이 결합하면서 집안일을 돕는 집안일 로봇이 점점 발달하고 있기 때문입니다.

1 이 글의 중심 낱말은 무엇인지 쓰세요.

2 집안일은 누가 해야 하는지 골라 ○표 하세요.

아버지 ☐ 어머니 ☐ 자녀들 ☐ 가족 모두 ☐

3 집안일을 나누어서 해야 하는 까닭을 보기 에서 모두 골라 기호를 쓰세요.

보기
㉠ 집안일을 혼자서 하기는 힘들어서
㉡ 집안일은 종류가 적고 자주 하지 않아도 되어서
㉢ 가족 구성원마다 할 수 있는 집안일이 정해져 있기 때문에
㉣ 집안일을 서로 도우며 함께 하면 행복한 가정을 만들 수 있어서

( )

4 이 글에 나온 우리가 할 수 있는 집안일을 모두 골라 색칠하세요.

옷 개기	요리하기	숙제하기	내 방 청소하기	악기 연주하기	동생 돌보기

5 이 글에서 알 수 있는 내용으로 알맞지 않은 것은 어느 것인가요? ( )

① 우리가 쉽게 할 수 있는 집안일은 아주 많다.
② 집안일은 원래 하는 사람이 따로 정해져 있다.
③ 집안일에는 청소, 요리, 빨래, 정리 정돈 등이 있다.
④ 집안일은 늘 반복적으로 해야 하므로 힘이 많이 든다.
⑤ 집안일은 가족이 건강하고 편안한 생활을 하기 위해서 집에서 해야 할 일을 말한다.

하루 어휘

1 다음 낱말의 뜻으로 알맞은 것을 선으로 이어 보세요.

낱말		뜻
반복 •		• 나누어서 맡음.
분담 •		• 같은 일을 되풀이함.
정돈 •		• 어지럽게 흩어진 것을 가지런히 바로 잡아 정리함.

2 다음 그림을 보고 빈칸에 들어갈 동작을 나타내는 말을 보기 에서 찾아 쓰세요.

보기	개다	놓다	닦다

(1)

수저를 ☐☐.

(2)

빨래를 ☐☐.

(3)
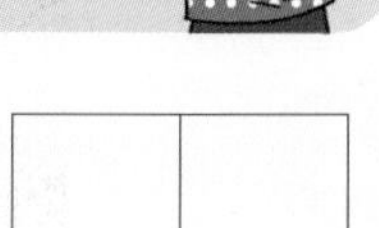

창문을 ☐☐.

3 밑줄 친 낱말의 뜻이 다음과 같은 뜻으로 쓰인 것에 ○표 하세요.

나누다: 하나를 둘 이상으로 가르다.

두 사람이 서로 인사를 <u>나누었다</u>.	피자를 정확히 여섯 조각으로 <u>나누었다</u>.	아이들은 청군과 백군으로 <u>나누어</u> 게임을 하였다.
(　　　)	(　　　)	(　　　)

14 일차
4 장

다양한 가족의 생활 모습

정답 확인
하루한장 앱에서 학습 인증하고 하루템을 모으세요!

매체 독해

다음 초대장을 읽고, 물음에 답해 봅시다.

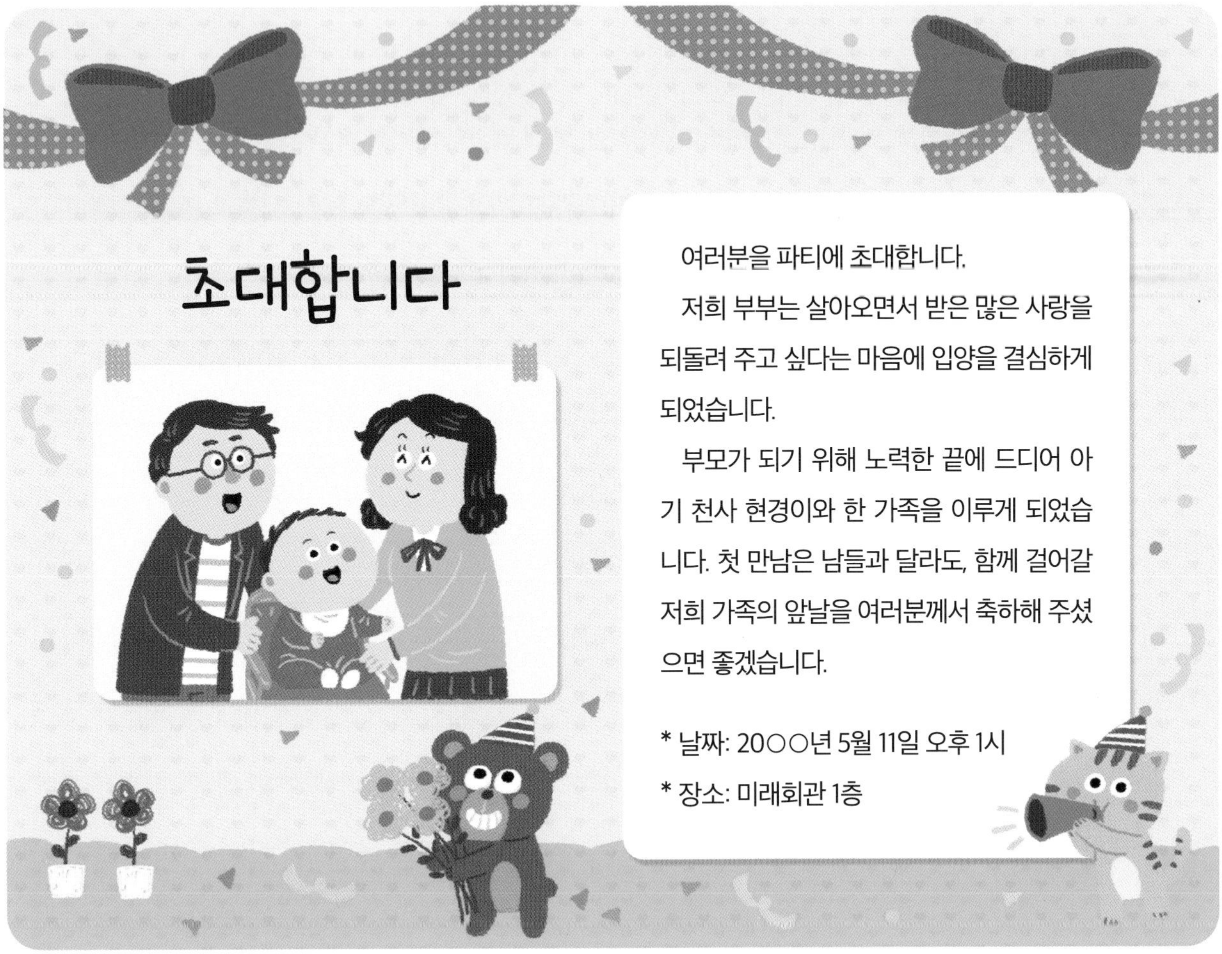

초대합니다

여러분을 파티에 초대합니다.

저희 부부는 살아오면서 받은 많은 사랑을 되돌려 주고 싶다는 마음에 입양을 결심하게 되었습니다.

부모가 되기 위해 노력한 끝에 드디어 아기 천사 현경이와 한 가족을 이루게 되었습니다. 첫 만남은 남들과 달라도, 함께 걸어갈 저희 가족의 앞날을 여러분께서 축하해 주셨으면 좋겠습니다.

* 날짜: 20○○년 5월 11일 오후 1시
* 장소: 미래회관 1층

1 초대장을 보낸 부부가 가족을 이룬 방법은 무엇인지 보기 에서 골라 기호를 쓰세요.

보기 ㉠ 이사 ㉡ 입양 ㉢ 재혼 ㉣ 출산

( )

2 초대장을 읽고 알 수 있는 내용으로 옳은 것에는 ○표, 옳지 않은 것에는 ×표 하세요.

(1) 초대장을 보낸 부부의 아기 이름은 현경이다. ( )

(2) 부부가 아기를 입양한 날짜는 20○○년 5월 11일이다. ( )

(3) 입양한 아기와 한 가족을 이루게 된 것을 축하하는 파티 초대장이다. ( )

다음 글을 읽고, 물음에 답해 봅시다.

요즘에는 사회가 변화하고 가치관이 다양해지면서 아빠, 엄마, 자녀로 이루어진 ❶전통적인 모습의 가족 외에도 조손 가족, 한 부모 가족, 재혼 가족, 입양 가족, ❷다문화 가족 등 다양한 형태의 가족을 볼 수 있습니다.

조손 가족은 아이의 부모님 없이 할아버지 또는 할머니와 손자 또는 손녀가 함께 사는 가족입니다. 부모님이 돌아가셨을 수도 있고, ❸취업 등의 이유로 조부모에게 자녀를 맡겼을 수도 있습니다. 한 부모 가족은 부모님 중 한 사람과 그 자녀로 이루어진 가족으로 아버지나 어머니 중 한 사람이 부모의 역할을 합니다. 재혼 가족은 부부 중의 한 사람 혹은 두 사람이 다시 결혼하여 이루어진 가족입니다. 입양 가족은 부모와 자식 사이가 핏줄로 이어져 있지 않지만, 다른 사람이 낳은 아이를 입양하여 마음으로 맺어진 가족입니다. 다문화 가족은 외국인과 한국인이 결혼하여 이루어진 가족으로, ❹세계화가 이루어지면서 점점 더 많아지고 있습니다.

이처럼 오늘날 가족의 형태는 다양해지고 가족의 의미도 과거와는 많이 달라졌습니다. 옛날처럼 핏줄로 이어지지 않아도 하나의 가족으로 ❺인식하기도 합니다. 또한, 오랫동안 키운 반려동물을 가족으로 여기기도 하고, 정서적으로 친밀한 사람과 함께 같은 공간에서 ❻거주하며 살아가기도 합니다. 특정한 형태의 가족이 바람직하거나 바람직하지 않다고 생각하지 말고, 다양한 가족의 형태를 존중할 수 있어야 합니다.

---

❶ **전통적**: 예로부터 이어져 내려오는 것.
❷ **다문화**: 한 사회 안에 여러 민족이나 여러 국가의 문화가 섞여 있음.
❸ **취업**: 일정한 직업을 잡아 직장에 나감.
❹ **세계화**: 경제 활동이나 문화의 교류 따위가 전 세계를 대상으로 이루어짐. 또는 그렇게 되게 함.
❺ **인식**: 사물을 분별하고 판단하여 아는 일.
❻ **거주**: 일정한 곳에 자리를 잡고 머물러 사는 일.

북한에서 온, 새터민 가족

새터민 가족은 북한에서 살다가 우리나라로 와서 우리와 똑같은 국민으로 사는 이웃입니다. 새터민 가족은 북한에서 오랫동안 살다 왔기 때문에 살아가는 모습과 말투가 우리와 다를 수 있습니다. 주변에 이러한 친구가 있다면 따뜻한 마음으로 이해하고 도와주어야 합니다.

1 이 글의 제목으로 알맞은 것은 어느 것인가요? ( )

① 가족의 역할 ② 가족의 소중함 ③ 가족을 이루는 방법
④ 다양한 가족의 모습 ⑤ 바람직한 가족의 형태

2 조손 가족의 모습으로 알맞은 것을 골라 ○표 하세요.

( ) ( ) ( )

3 다음 가족의 형태에 해당하는 설명을 선으로 이어 보세요.

입양 가족 •	• 외국인과 한국인이 결혼하여 이루어진 가족
다문화 가족 •	• 부모님 중 한 사람과 그 자녀로 이루어진 가족
한 부모 가족 •	• 다른 사람이 낳은 아이를 자녀로 받아들인 가족

4 오늘날 가족의 의미로 옳은 것에는 ○표, 옳지 않은 것에는 ×표 하세요.

(1) 반려동물을 가족으로 여기기도 한다. ( )

(2) 핏줄로 이어져야만 하나의 가족으로 인식한다. ( )

5 이 글에서 알 수 있는 내용으로 알맞은 것은 어느 것인가요? (정답 2개) ( )

① 가족의 형태는 모두 다섯 가지뿐이다.

② 부모님이 돌아가시면 가족은 사라진다.

③ 다문화 가족은 세계화되면서 점점 더 많아지고 있다.

④ 부모님과 자녀로 이루어진 전통적인 모습의 가족이 가장 바람직하다.

⑤ 사회가 변화하고 가치관이 다양해지면서 다양한 형태의 가족이 생겨났다.

하루 어휘

1 다음의 뜻을 가진 낱말을 보기 에서 찾아 쓰세요.

보기	거주	다문화	인식	전통적

(1) 예로부터 이어져 내려오는 것. ( )

(2) 사물을 분별하고 판단하여 아는 일. ( )

(3) 일정한 곳에 자리를 잡고 머물러 사는 일. ( )

(4) 한 사회 안에 여러 민족이나 여러 국가의 문화가 섞여 있음. ( )

2 다음 그림에 해당하는 가족을 나타내는 말을 찾아 선으로 이어 보세요.

모자	부녀	조손	형제

3 다음 문장에 들어갈 말을 바르게 쓴 것에 ○표 하세요.

(1) 약속 시간이 점점 (가까워지고 / 가까와지고) 있다.

(2) 드디어 겨울옷들을 세탁소에 (맞기고 / 맡기고) 왔다.

(3) 친구가 하는 충고를 (바다들이는 / 받아들이는) 자세가 필요하다.

서로 다른 문화의 사람이 만나 이룬 가족, 다문화 가족

다음 공익 광고를 보고, 물음에 답해 봅시다.

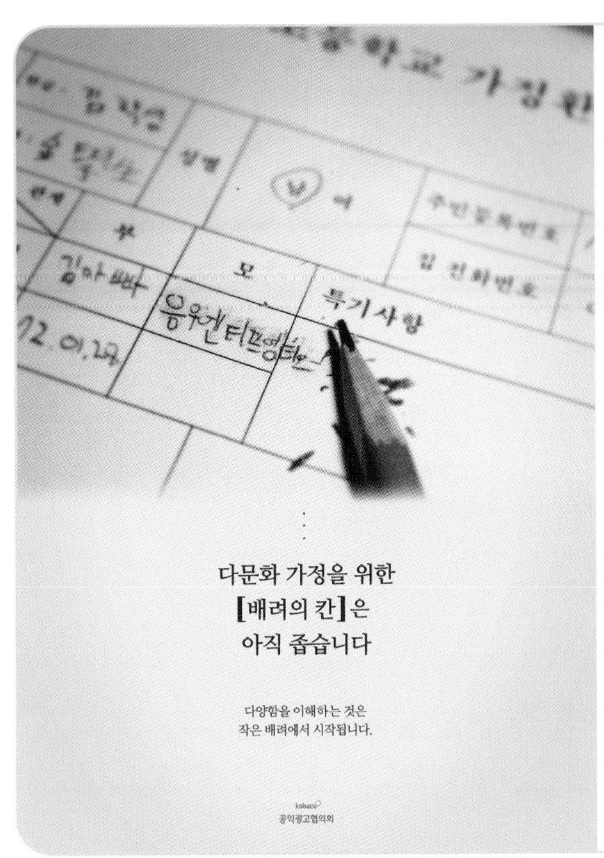

다문화 가정을 위한
[배려의 칸]은
아직 좁습니다

다양함을 이해하는 것은
작은 배려에서 시작됩니다.

[출처: 한국방송광고진흥공사]

1 공익 광고 속 아이가 겪는 어려움으로 알맞은 것에 색칠하세요.

어머니의 이름을 정확히 알지 못하는 것	어머니와 아이만 사는 한 부모 가정인 것	외국인 어머니의 이름을 쓸 수 있는 칸이 좁은 것

2 공익 광고에서 전하고 싶은 말을 바르게 이해한 사람의 이름을 쓰세요.

- 수빈: 다문화 가정이 늘어나고 있는 것을 막아야 해.
- 선하: 다문화 가정의 다양함을 배려하는 자세가 필요해.
- 현진: 다문화 가정의 사람들은 이름을 한국식으로 바꾸어야 해.

(   )

다음 글을 읽고, 물음에 답해 봅시다.

세계화가 되면서 사람들은 외국으로 여행을 자주 다니게 되었고, 외국에서 유학 생활이나 직장 생활을 할 기회도 많아졌습니다. 이에 따라 다른 나라의 사람들과 만날 기회가 많아지면서 국제결혼이 늘어나고 있습니다. 2020년의 ❶통계 자료를 보면 국제결혼은 전체 결혼 건수 중 약 8퍼센트(%)나 차지하고 있습니다. 이렇게 ❷국적과 문화가 서로 다른 남자와 여자가 만나서 이루어진 가족을 다문화 가족이라고 합니다.

국제결혼으로 한국에서 살게 된 외국인들은 한국 문화에 적응하는 데 어려움을 느낍니다. 가족 간 언어 소통의 어려움은 물론이고, ❸인종 차별이나 경제적 어려움과 같은 문제를 경험하기도 합니다. 지금까지 살아온 문화나 사고방식이 서로 다르기 때문에 그 차이로 인해 부부 간의 갈등을 겪기도 합니다. 또한 다문화 가정에서 태어난 자녀는 생김새가 다르다는 이유로 학교생활에서 어려움을 겪기도 합니다. 발음이 이상하다며 놀림을 받거나 따돌림을 당하고 무시를 당하는 일도 있습니다.

그렇다면 우리는 다문화 가족을 만났을 때 어떻게 행동해야 할까요? 가장 중요한 것은 다문화 가족에 속한 사람들도 모두 우리나라 사람이라는 것을 ❹명심하는 일입니다. 인종이나 피부색이 다르다는 이유로 사람을 ❺차별 대우해서는 안 됩니다. 다문화 가족의 친구들을 있는 그대로 받아들이고, 존중하는 태도를 지녀야 합니다.

---

❶ **통계**: 어떤 현상을 종합적으로 한눈에 알아보기 쉽게 계산하여 숫자로 나타낸 것.
❷ **국적**: 한 나라의 구성원이 되는 자격.
❸ **인종 차별**: 인종에 따라 사람을 높게 또는 낮게 대하는 것.
❹ **명심하다**: 잊지 않도록 마음에 깊이 새겨 두다.
❺ **차별 대우**: 둘 이상의 대상을 각각 등급이나 수준 따위의 차이를 두어서 다르게 대함.

세계인의 날

세계인의 날은 매년 5월 20일로, 다양한 민족, 사회, 전통을 이해하고 존중하자는 목적에서 만들어졌습니다. 전 세계는 이미 세계화가 활발하게 진행되고 있고, 우리나라도 다문화 사회로 빠르게 변해 가고 있습니다. 우리는 열린 마음으로 다문화를 받아들이고 존중해야 합니다.

1 다양한 가족의 형태 중 국적과 문화가 서로 다른 남녀가 만나서 이루어진 가족을 무엇이라고 하는지 쓰세요.

[ ][ ][ ] [ ][ ]

2 우리나라에 다문화 가족이 늘어나는 까닭으로 알맞은 것을 골라 ○표 하세요.

결혼을 하지 않고 혼자 사는 사람들이 늘어나게 되면서	사회 변화로 다양한 문화 활동을 할 기회가 많아져서	세계화로 다른 나라의 사람들과 만날 기회가 많아지면서
(　　　)	(　　　)	(　　　)

3 다문화 가족이 겪는 어려움으로 알맞지 않은 것은 어느 것인가요? (　　　)

① 경제적 어려움
② 여가 시간의 부족
③ 언어 소통의 어려움
④ 학교생활에서의 따돌림
⑤ 사고방식의 차이로 인한 갈등

4 다문화 가족의 친구를 대하는 마음가짐이 바른 사람의 이름을 쓰세요.

발음이 이상해서 뭐라고
하는지 잘 모르겠어.
같이 놀기 싫어.
지아
피부색은 나와
다르지만
우리는 친구야.
상준

(　　　　　　)

5 다문화 가족을 대하는 태도로 바르지 않은 것은 어느 것인가요? (　　　)

① 다문화 가족끼리만 어울릴 수 있도록 해 준다.
② 발음이 이상하다고 놀리거나 따돌리지 않는다.
③ 다문화 가족을 있는 그대로 받아들이고 존중한다.
④ 다문화 가족도 우리나라 사람이라는 것을 명심한다.
⑤ 인종이나 피부색 등을 이유로 차별 대우를 하지 않는다.

하루 어휘

1 다음 빈칸에 들어갈 말의 뜻을 보고, 알맞은 낱말을 보기 에서 찾아 쓰세요.

보기	국적	차별 대우	통계

(1) 우리 이모는 미국 □□ 을/를 가지고 있다.
ㄴ 한 나라의 구성원이 되는 자격.

(2) 우리 모둠은 □□ 자료를 준비하여 발표하였다.
ㄴ 어떤 현상을 종합적으로 한눈에 알아보기 쉽게 계산하여 숫자로 나타낸 것.

(3) 만약 내가 형과 □□ □□ 을/를 받는다면 무척 섭섭할 것 같다.
ㄴ 둘 이상의 대상을 각각 등급이나 수준 따위의 차이를 두어서 다르게 대함.

2 다음 낱말의 뜻을 보고, 문장에 들어갈 알맞은 낱말을 골라 ○표 하세요.

다르다	어떤 것이 다른 것과 어떤 점이 서로 같지 않다.
틀리다	셈이나 사실 따위가 맞지 않고 어긋나다.

(1) 시험에서 1번 문제의 답을 (다르다 / 틀리다).

(2) 우리는 서로 피부색은 (달라도 / 틀려도) 국적은 같다.

3 다음 빈칸에 들어갈 마음을 나타내는 낱말을 보기 에서 찾아 쓰세요.

보기	무시	실망	존중

(1) 비가 와서 소풍을 못 가게 되어 무척 □□ 하였다.

(2) 태호는 자기보다 작은 친구를 □□ 하며 깔보았다.

(3) 아무리 친한 친구라도 서로 □□ 하는 태도가 필요하다.

신나는 퍼즐 퍼즐

주제3 소중한 가족

가로세로 퍼즐을 완성하며, 주제3에서 공부한 용어의 뜻을 다시 한번 떠올려 봐요.

→ 가장이 가족 구성원에 대하여 강력한 권한을 가지고 이끌어 가는 가족 형태.

↓ 무엇의 가치를 매길 때, 그 매기는 사람의 일정한 생각이나 기준. 예 □□□의 확립

→ 핏줄로 맺어진 관계가 아닌 법을 통해 부모와 자녀의 관계를 맺는 것.

→ 한 사회 안에 여러 민족이나 여러 국가의 문화가 섞여 있음. 예 □□□ 가족

↓ 의지할 데 없는 노인을 받아들여 돌보는 시설.

→ 어떤 조직이나 단체를 이루고 있는 사람.

↓ 인간이 생활하는 데 필요한 각종 물건을 만들어 냄. 반대 소비

→ 외국에서 머물면서 공부함.

→ 아이를 낳음.

↓ 공부 지도, 직업 교육, 예능 교습 등을 위한 사설 교육 기관. 예 피아노 □□

주제 4

이번 주에 공부할 내용에 대한 주간 학습 계획을 세워 보세요.

공부할 내용		교과 연계	공부한 날	스스로 평가
1장	우리 동네를 소개합니다	가을 2-2 [1단원], 사회 3-1 [1단원]	월 일	
2장	공공시설은 어떻게 이용해야 할까요	가을 2-2 [1단원]	월 일	
3장	사람들의 다양한 직업	가을 2-2 [1단원], 사회 3-2 [1단원]	월 일	
4장	이웃끼리 지켜야 할 예절	가을 2-2 [1단원]	월 일	
5장	이제부터 나도 우리 고장 환경 지킴이	가을 2-2 [1단원]	월 일	

우리 동네를 소개합니다

다음 지아의 블로그 글을 읽고, 물음에 답해 봅시다.

새로운 동네

새로운 동네로 이사를 왔다. 필요한 물건도 사고 동네 구경도 할 겸 가족들과 함께 동네를 한 바퀴 돌았다. 주민 센터도 있었고, 영화 감상을 할 수 있는 영화관, 옷을 파는 옷 가게, 피아노를 가르치는 학원, 아픈 눈을 치료하는 안과도 있었다. 강아지를 좋아하는 동생은 동물 병원이 있다고 좋아했다. 다양한 가게를 구경하는 게 정말 재미있었다.

신나게 동네 구경을 하고 집으로 돌아가는 길에는 너무 더워서 슈퍼마켓에 들러서 아이스크림을 사 먹었다. 새로운 동네가 아주 마음에 든다.

1 새로운 동네에 있는 장소를 모두 골라 ○표 하세요.

도서관 백화점 옷 가게
주민 센터 어린이 병원 피아노 학원

2 지아네 가족이 동네 구경을 마치고 집으로 돌아가는 길에 한 행동으로 알맞은 것은 어느 것인가요? ( )

① 약국에서 약을 샀다.
② 나무 그늘에서 더위를 피했다.
③ 영화관에 가서 영화를 보았다.
④ 동물 병원에서 강아지를 보았다.
⑤ 슈퍼마켓에서 아이스크림을 사 먹었다.

다음 글을 읽고, 물음에 답해 봅시다.

'우리 동네' 하면 어떤 것이 떠오르나요? 집이나 학교가 떠오를 수도 있고, 문구점, 슈퍼마켓 등 내가 좋아하는 ❶장소가 떠오를 수도 있습니다. 또한, 산이나 하천 등 ❷자연환경이 떠오를 수도 있습니다. 우리가 사는 곳은 동네마다 모습이 서로 다릅니다.

동네마다 산이나 바다가 가까이 있는 곳이 있고, 강이 흐르거나 언덕이 있는 곳도 있습니다. 혹은 높은 빌딩과 넓은 도로가 발달한 곳도 있습니다. 그리고 동네에는 우리 생활에 필요한 여러 장소도 있습니다. 친구들과 선생님을 만날 수 있는 학교도 있으며, 다양한 것을 배울 수 있는 피아노 학원, 미술 학원 등도 있습니다. 우리가 생활하면서 필요한 물건을 살 수 있는 시장이나 슈퍼마켓, 옷 가게 등이 있고, 몸이나 마음이 아플 때 가는 병원도 있습니다. 또 책을 읽거나 빌릴 수 있는 도서관도 있고, 친구들과 신나게 뛰어놀 수 있는 놀이터도 있습니다.

사람들은 다양한 장소에 대해 저마다 다른 생각과 느낌을 가지게 되는데, 이러한 ❸감정을 '장소감'이라고 합니다. 같은 동네에 살면서 비슷한 경험을 하면 장소감이 비슷할 수도 있습니다. 하지만 사람마다 경험하는 것과 ❹관심 있는 것이 다르기 때문에 같은 장소라도 서로 다르게 생각하거나 느낄 수 있습니다. 예를 들어 똑같은 시장에 대해서 어떤 친구는 맛있는 것을 많이 먹을 수 있는 곳이라고 생각하고, 어떤 친구는 할머니와 자주 가는 곳이라고 생각할 수 있습니다. 동네의 여러 장소에 대해 서로 다른 생각과 느낌을 갖는 것은 잘못된 것이 아니라 당연한 것이므로 서로의 장소감을 ❺존중하고 이해하는 것이 중요합니다.

---

❶ **장소**: 어떤 일이 이루어지거나 일어나는 곳.
❷ **자연환경**: 땅의 생김새나 날씨 등 자연적으로 만들어진 것.
❸ **감정**: 어떤 현상이나 일에 대하여 일어나는 마음이나 느끼는 기분.
❹ **관심**: 어떤 것에 마음이 끌려 주의를 기울임. 또는 그런 마음이나 주의.
❺ **존중**: 높이어 귀중하게 대함.

다양한 땅의 생김새

동네마다 땅의 생김새는 다양하게 나타납니다. 사람들이 등산을 가는 산도 있고, 농사를 짓는 넓은 들도 있으며, 주변에 공원을 만들어 이용하는 하천도 있습니다. 또한, 물고기를 잡거나 염전을 만들어 소금을 얻는 바다도 있습니다.

1 이 글에 나온 동네의 장소를 모두 찾아 색칠하세요.

은행	시장	약국	학교	도서관	옷 가게

2 동네에 대한 설명으로 알맞은 것을 보기 에서 모두 골라 기호를 쓰세요.

보기
㉠ 동네의 모습은 모두 다르다.
㉡ 모든 동네에는 산과 하천이 꼭 있다.
㉢ 동네에는 우리가 생활하는 데 필요한 여러 장소가 있다.

( )

3 장소감에 대한 설명으로 알맞지 않은 것은 어느 것인가요? ( )

① 장소감은 사람마다 다를 수 있다.
② 서로 다른 장소감은 잘못된 것이 아니다.
③ 서로의 장소감을 존중하고 이해해야 한다.
④ 장소감은 어떤 장소에 대한 생각과 느낌을 뜻한다.
⑤ 같은 동네에 살면서 비슷한 경험을 하면 장소감이 같을 수밖에 없다.

4 ㉠, ㉡에 들어갈 알맞은 말을 쓰세요.

같은 장소라도 사람마다 (㉠)하는 것과 (㉡) 있는 것이 다르기 때문에 생각하거나 느끼는 것이 서로 다를 수 있다.

㉠: ( ), ㉡:( )

5 이 글을 읽고 알 수 있는 내용으로 알맞지 않은 것은 어느 것인가요? ( )

① 장소감의 의미
② 동네의 다양한 모습
③ 동네의 다양한 장소
④ 동네 지도를 보는 방법
⑤ 장소감을 대하는 바람직한 태도

하루 어휘

1 다음 낱말의 뜻으로 알맞은 것을 선으로 이어 보세요.

낱말		뜻
관심 •		• 높이어 귀중하게 대함.
존중 •		• 어떤 것에 마음이 끌려 주의를 기울임.
감정 •		• 어떤 현상이나 일에 대하여 일어나는 마음이나 느끼는 기분.

2 다음 그림을 나타내는 낱말을 보기에서 찾아 쓰세요.

보기 놀이터 병원 소방서 우체국

(1) (2) (3) (4)

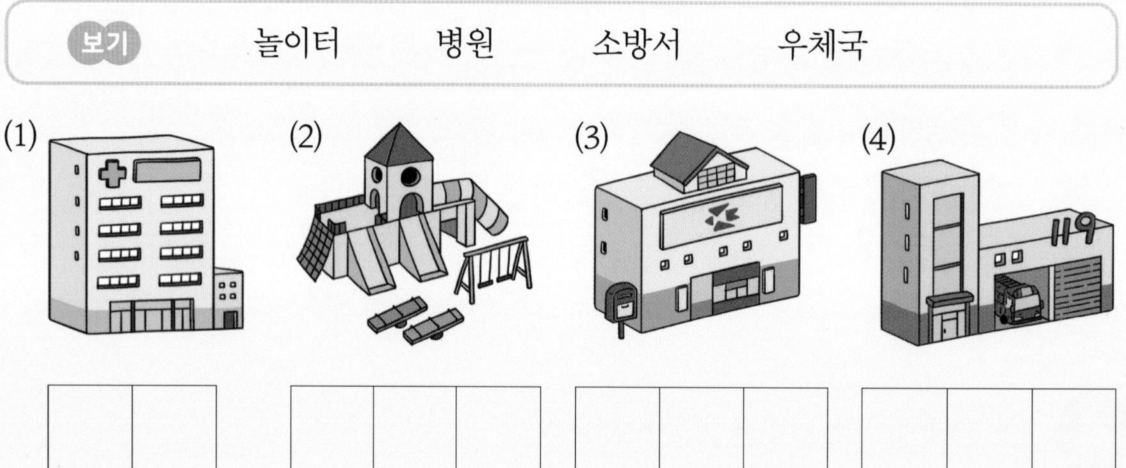

(1) □□ (2) □□□ (3) □□□ (4) □□□

3 다음 밑줄 친 낱말과 반대의 뜻을 가진 낱말을 보기에서 찾아 쓰세요.

보기 낮다 좁다 크다

(1) 아파트가 무척 <u>높다</u>. ↔ □□

(2) 우리 집 거실은 <u>넓다</u>. ↔ □□

(3) 너는 나보다 키가 <u>작다</u>. ↔ □□

17
일차
2
장

공공시설은 어떻게 이용해야 할까요

정답 확인
하루한장 앱에서
학습 인증하고
하루템을 모으세요!

매체 독해

다음 선거 포스터를 보고, 물음에 답해 봅시다.

어린이 시장 선거 후보

기호 1

이름 : 김미래

나이 : 9살

우리 고장의 문제점 : 어린이를 위한 공공시설이 부족함.

문제점을 해결하기 위한 공약 : 제가 시장이 된다면, 어린이들이 신나게 놀고 운동할 수 있는 어린이 놀이터, 자전거를 안전하게 보관할 수 있는 자전거 보관소, 다양한 문화생활을 즐길 수 있는 문화 회관 등 어린이들이 함께 이용할 수 있는 공공시설을 설치하겠습니다.

1 선거 포스터에 대한 설명으로 옳은 것에는 ○표, 옳지 않은 것에는 ×표 하세요.

(1) 우리 고장의 문제점으로 어른을 위한 공공시설이 부족하다고 하였다. ( )

(2) 어린이들이 함께 이용할 수 있는 공공시설을 설치하겠다는 공약을 내세웠다. ( )

2 선거 포스터에서 김미래 후보가 설치하겠다고 약속한 공공시설을 모두 골라 색칠하세요.

문화 회관	자전거 도로	자전거 보관소	어린이 놀이터	장애인 복지 시설

다음 글을 읽고, 물음에 답해 봅시다.

공공시설이란 국가나 시청, 도청, 군청, 구청 등의 ❶지방 자치 단체에서 지역 주민들의 편리한 생활을 위해서 만들고 관리하는 시설을 말합니다. 공공시설은 우리가 낸 ❷세금으로 만들고 관리하기 때문에 지역 주민이라면 누구든지 자유롭게 이용할 수 있습니다.

공공시설에는 어떤 것들이 있을까요? 도로, 철도, 공항 등과 같은 교통 시설이 있고, ❸공립 병원, 보건소, 노인 병원 등과 같은 보건·복지 시설도 있습니다. 그리고 어린이 도서관, 박물관, 미술관 등과 같은 문화 시설, 공원, 체육관, 놀이터 등과 같은 운동·놀이 시설도 모두 공공시설에 해당합니다. 이처럼 다양한 공공시설은 지역 주민들에게 ❹편의를 제공합니다.

공공시설은 많은 사람이 함께 이용하는 시설이기 때문에 이용 규칙을 잘 지켜야 합니다. 공원이나 놀이터 같은 공공시설에서는 쓰레기를 아무 데나 버리지 않아야 하고, 자신이 사용한 공간은 사용한 후에 다음 사람을 위해 깨끗이 정리해야 합니다. 박물관이나 미술관 같은 공공시설에서는 다른 사람의 ❺관람을 방해할 수 있으니 뛰어다니거나 큰 소리로 떠들면 안 됩니다. 무엇보다 각 공공시설에서 정해 놓은 규칙을 잘 따르는 것이 중요합니다. 예를 들어 '사진 촬영 금지'라는 규칙이 있으면, 사진 촬영을 절대 해서는 안 됩니다. 그리고 공공시설을 이용할 때에는 자신뿐만 아니라 주변 사람의 안전에도 신경을 써야 합니다.

---

❶ **지방 자치 단체**: 지역 주민들을 위하여 대표들이 지역의 살림살이를 꾸려 나가는 곳.
❷ **세금**: 나라 살림에 쓰기 위하여 국민으로부터 걷는 돈.
❸ **공립**: 지방 자치 단체가 세워서 운영함. 또는 그런 시설.
❹ **편의**: 형편이나 조건 따위가 편하고 좋음.
❺ **관람**: 연극, 영화, 운동 경기, 미술품 따위를 구경함.

공공 기관

공공 기관은 개인의 이익이 아닌 주민 전체의 이익과 생활의 편의를 위해 국가에서 세우거나 관리하는 곳을 말합니다. 공공 기관에는 경찰서, 소방서, 우체국, 시청, 주민 센터 외에도 교육청, 법원, 박물관 등이 있습니다.

1 다음 설명은 무엇에 대한 것인지 이 글에서 찾아 쓰세요.

> 국가나 지방 자치 단체에서 지역 주민들의 편리한 생활을 위해서 만들고 관리하는 시설을 말한다.

( )

2 공공시설을 만들고 관리하는 곳으로 알맞지 않은 것은 어느 것인가요? ( )

① 구청 ② 군청 ③ 도청
④ 시청 ⑤ 학교

3 공공시설에 해당하지 않는 것은 어느 것인가요? ( )

① 도로 ② 철도 ③ 공원
④ 도서관 ⑤ 백화점

4 박물관을 관람하면서 올바르게 행동한 사람의 이름을 쓰세요.

- 수미: 남들보다 빨리 구경하고 싶어서 뛰어다니면서 구경했어.
- 찬경: 사진 촬영이 가능한 유물이어서 사진을 찍고 눈으로 감상했어.
- 서진: 전시 유물에 손을 대면 안 된다고 했지만, 너무 궁금해서 몰래 만져 봤어.

( )

5 이 글에서 알 수 있는 내용으로 알맞지 않은 것은 어느 것인가요? ( )

① 공공시설은 우리가 낸 세금으로 만들어진다.
② 공공시설은 지역 주민들에게 편의를 제공한다.
③ 공공시설을 이용할 때에는 안전에 신경을 써야 한다.
④ 공공시설은 지방 자치 단체에서 만들지만 관리하지는 않는다.
⑤ 공공시설은 많은 사람이 함께 이용하므로 이용 규칙을 잘 지켜야 한다.

하루 어휘

1 다음의 뜻을 가진 낱말을 보기 에서 찾아 쓰세요.

보기	공립	관람	세금	편의

(1) 지방 자치 단체가 세워서 운영함. ( )

(2) 형편이나 조건 따위가 편하고 좋음. ( )

(3) 연극, 영화, 운동 경기, 미술품 따위를 구경함. ( )

(4) 나라 살림에 쓰기 위하여 국민으로부터 걷는 돈. ( )

2 다음 낱말의 뜻을 보고, 문장에 들어갈 알맞은 낱말을 골라 ○표 하세요.

반드시	틀림없이 꼭.
반듯이	모습이나 생김새가 비뚤어지거나 기울지 않고 바르게.

(1) 나는 약속을 (반드시 / 반듯이) 지키겠다고 약속했다.

(2) 수업 시간에 (반드시 / 반듯이) 앉아 선생님 말씀을 들었다.

3 다음 빈칸에 들어갈 말의 뜻을 보고, 알맞은 낱말을 보기 에서 찾아 쓰세요.

보기	공개	공연	공원

(1) 오늘은 [|] 수업이 있는 날이다.

ㄴ 어떤 사실을 여러 사람 앞에 널리 드러냄.

(2) 우리는 집 앞에 있는 [|] 에서 만나기로 하였다.

ㄴ 여러 사람이 이용할 수 있도록 만들어 놓은 정원이나 동산.

(3) 지난 주말에는 부모님과 연극 [|] 을/를 보았다.

ㄴ 음악, 무용, 연극 따위를 많은 사람 앞에서 보이는 일.

18
일차
3
장

사람들의 다양한 직업

정답 확인
하루한장 앱에서
학습 인증하고
하루템을 모으세요!

매체 독해

다음 설문 결과를 보고, 물음에 답해 봅시다.

초등학생 희망 직업 변화(상위 10위)

2007년	순위	2020년
교사	1	운동선수
의사	2	의사
연예인	3	교사
운동선수	4	크리에이터
교수	5	프로 게이머
법조인	6	경찰관
경찰	7	조리사(요리사)
요리사	8	가수
패션 디자이너	9	만화가(웹툰 작가)
프로 게이머	10	제과·제빵사

[출처: 교육부, 한국직업능력개발원]

1 설문 결과를 보고 빈칸에 알맞은 숫자를 써넣어 표를 완성하세요.

구분	2007년 순위	2020년 순위
(1) 교사	1위	(　　　)위
(2) 운동선수	(　　　)위	1위

2 설문 결과를 보고 알 수 있는 내용으로 옳은 것에는 ○표, 옳지 않은 것에는 ×표 하세요.

(1) 크리에이터는 2007년에 상위 10위 안에 들었다. (　　　)

(2) 2007년에 10위였던 프로 게이머는 2020년에 5위가 되었다. (　　　)

다음 글을 읽고, 물음에 답해 봅시다.

우리가 사는 동네에는 다양한 직업을 가진 사람들이 있습니다. 우리가 다니는 초등학교만 해도 학급을 담당하는 선생님, 급식을 담당하는 영양사와 조리사, 학교 안 ❶위생과 아이들의 건강을 책임지는 보건 선생님, 안전 문제를 책임지는 학교 보안관 등 여러 가지 직업을 가진 사람들이 모여 있습니다. 회사에서 일하는 회사원, 아픈 곳을 치료해 주는 의사, 거리를 깨끗하게 청소하는 환경미화원, 애완동물을 예쁘게 꾸며 주는 애견 미용사 등도 동네에서 만날 수 있는 직업입니다. 또한, 프로 게이머, ❷음향 감독, 패션 디자이너, 건축 설계사 등과 같이 주변에서 쉽게 보기 어려운 직업을 가지고 있는 사람들도 있습니다.

옛날에는 성별에 따라 남자와 여자가 하는 일을 구분 짓는 일이 많았습니다. 힘과 공간을 파악하는 ❸감각이 필요한 목수, 재단사, 버스 운전기사 등은 주로 남자가 가지는 직업, 다른 사람에게 ❹공감하는 능력이 필요한 선생님이나 간호사 등은 주로 여자가 가지는 직업이라고 여겼습니다. 하지만 오늘날에는 남녀가 평등하다는 의식이 높아지면서 남자가 간호사, 요리사, 미용사를 하고, 여자가 소방관, 농부, 버스 운전기사를 하는 등 남자와 여자가 가지는 직업의 구분이 점차 없어지고 있습니다.

직업은 사회의 변화에 따라 새로 생겨나기도 하고 사라지기도 합니다. 게임 개발자, 크리에이터, ❺자율 주행 자동차 전문가 등은 과학 기술과 사회의 발전으로 새로 생겨난 직업입니다. 반대로 물을 직접 길어 팔던 물장수, 전화를 연결해 주던 전화 교환원, 전국을 돌아다니며 장사를 하던 보부상 등은 사라진 직업입니다.

---

❶ **위생**: 건강에 좋도록 조건을 갖추거나 대책을 세우는 일.
❷ **음향**: 물체에서 나는 소리와 그 울림.
❸ **감각**: 눈, 코, 귀, 혀, 살갗을 통하여 바깥의 어떤 자극을 알아차림.
❹ **공감**: 다른 사람의 감정, 의견, 주장 따위에 대하여 자기도 그렇다고 느낌.
❺ **자율 주행 자동차**: 운전자가 차량을 조작하지 않아도 스스로 움직이는 자동차.

새롭게 떠오른 희망 직업, 크리에이터

일반적으로 유튜브에 동영상을 만들어 올리는 창작자를 '크리에이터(Creator)'라고 합니다. 크리에이터들이 만든 콘텐츠를 많은 사람이 구독하고 시청하게 되면서 크리에이터들은 돈을 벌 수 있게 되었고, 이에 따라 크리에이터가 어엿한 하나의 직업으로 인정받게 되었습니다.

1. 이 글의 중심 낱말은 무엇인지 쓰세요.

2. 직업과 하는 일을 바르게 연결한 것을 보기 에서 골라 기호를 쓰세요.

보기
㉠ 의사 – 회사에서 일한다.
㉡ 회사원 – 거리를 깨끗하게 청소한다.
㉢ 환경미화원 – 아픈 곳을 치료해 준다.
㉣ 애견 미용사 – 애완동물을 예쁘게 꾸며 준다.

( )

3. 옛날과 오늘날의 직업에 대한 설명으로 옳은 것에는 ○표, 옳지 않은 것에는 ×표 하세요.

(1) 옛날에는 간호사를 주로 여자들이 가지는 직업이라고 여겼다. ( )

(2) 오늘날에는 힘과 공간 감각이 필요한 직업을 주로 남자들이 가지는 직업이라고 생각한다. ( )

4. 다음 직업을 관계있는 것끼리 선으로 이어 보세요.

사라진 직업 •		• 물장수
		• 크리에이터
새로 생겨난 직업 •		• 전화 교환원
		• 게임 개발자

5. 직업에 대한 설명으로 알맞지 않은 것은 어느 것인가요? ( )

① 직업에는 다양한 종류가 있다.
② 옛날에는 성별에 따라 직업을 구분 짓는 일이 많았다.
③ 오늘날에는 남자와 여자의 직업 구분이 점차 없어지고 있다.
④ 교사나 간호사는 공감 능력이 뛰어난 여자가 가져야 할 직업이다.
⑤ 직업은 사회의 변화에 따라 새로 생겨나기도 하고 사라지기도 한다.

하루 어휘

1 다음 낱말의 뜻으로 알맞은 것을 선으로 이어 보세요.

낱말		뜻
공감 •		• 물체에서 나는 소리와 그 울림.
위생 •		• 건강에 좋도록 조건을 갖추거나 대책을 세우는 일.
음향 •		• 다른 사람의 감정, 의견, 주장 따위에 대하여 자기도 그렇다고 느낌.

2 다음 그림을 보고, 다섯 가지 감각 중 무엇을 나타내는지 보기 에서 찾아 쓰세요.

보기 미각 시각 청각 촉각 후각

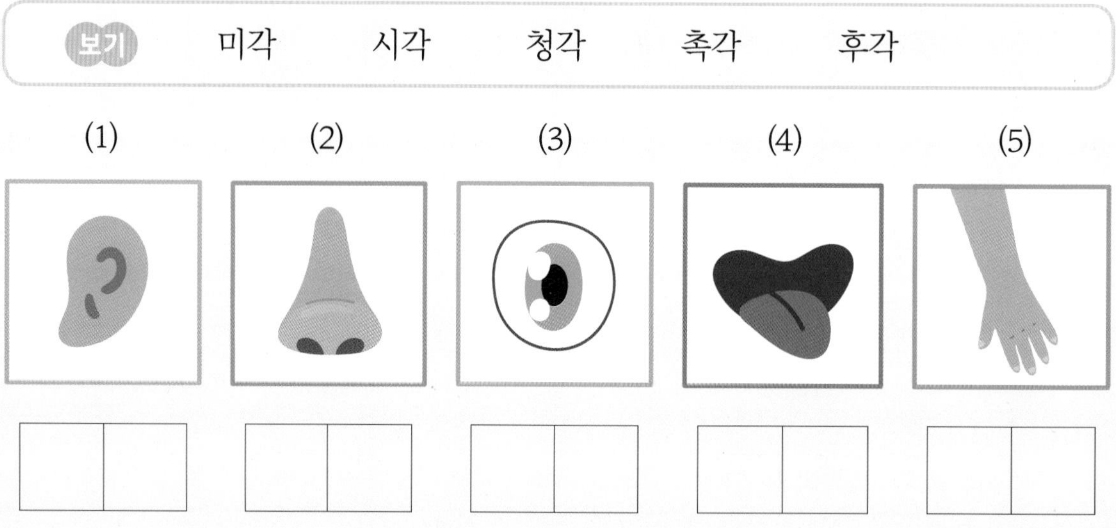

(1) (2) (3) (4) (5)

3 다음 문장에서 '높다'가 어떤 뜻으로 사용되었는지 번호를 쓰세요.

높다
① 아래에서 위까지의 길이가 길다.
② 수치로 나타낼 수 있는 온도, 습도, 압력 따위가 기준치보다 위에 있다.

(1) 여름에는 기온이 높다. ( )

(2) 고모는 굽이 높은 구두를 신었다. ( )

이웃끼리 지켜야 할 예절

다음 카드 뉴스를 보고, 물음에 답해 봅시다.

시도 때도 없이 쿵쿵, 층간 소음

층간 소음이란 무엇일까요?

아파트나 다세대 주택과 같은 공동 주택에서 주로 발생하는 소음 공해를 말합니다.

아파트 / 연립 주택 / 다세대 주택

층간 소음은 왜 안 좋을까요?

불쾌감과 짜증을 일으키고 공격적인 태도를 만드는 등 건강과 성격 형성에 영향을 줍니다.

층간 소음의 원인은 무엇일까요?

2%
3%
3%
4%
그외 기타 16%
아이들이 뛰거나 걷는 소리 72%

- 아이들이 뛰거나 걷는 소리
- 가구 끄는 소리
- 그외 기타
- 가전제품 소리
- 망치질 소리
- 악기 연주 소리

[출처: 국가소음정보시스템]

1 층간 소음에 대한 설명으로 옳은 것에는 ○표, 옳지 않은 것에는 ×표 하세요.

(1) 층간 소음은 건강과 성격 형성에 좋은 영향을 준다. ( )

(2) 공동 주택에서 주로 발생하는 소음 공해를 층간 소음이라고 한다. ( )

(3) 가구 끄는 소리나 망치질 소리, 악기 연주 소리 등도 층간 소음의 원인이 된다. ( )

2 층간 소음의 가장 큰 원인이 되는 것은 어느 것인가요? ( )

① 망치질 소리 ② 가전제품 소리 ③ 악기 연주 소리
④ 가구 끄는 소리 ⑤ 아이들이 뛰거나 걷는 소리

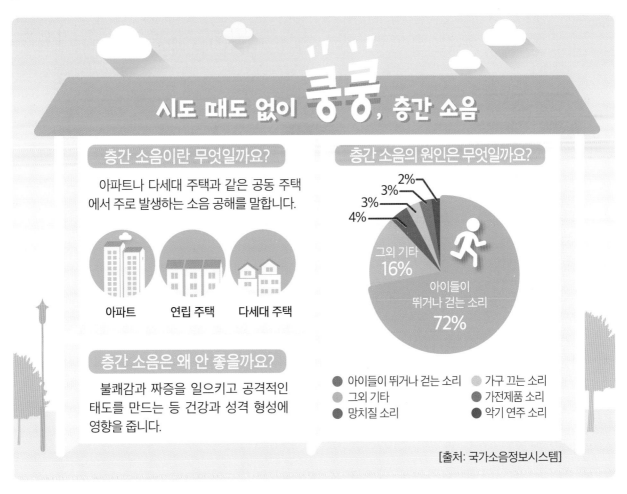

다음 글을 읽고, 물음에 답해 봅시다.

이웃이란 가까운 거리에 살고 있으며 우리 가족과 [1]교류가 있는 사람을 의미합니다. 또한 거리에 상관없이 나 또는 가족으로 인해 알게 된 사람이나 서로 도움을 주고받는 사람을 뜻하기도 합니다. 우리와 가까운 이웃과 서로 잘 지내기 위해서는 예절을 잘 지켜야 합니다.

이웃을 만났을 때에는 예의 바르게 상황에 알맞은 인사를 해야 합니다. 어른들께는 고개를 숙이고 허리를 굽혀 [2]공손히 인사하고, 또래 친구들을 만나면 반갑게 손을 흔들며 인사합니다. 이웃 간에 적절한 호칭을 쓰는 것도 중요합니다. [3]웃어른, 또래, 그리고 아랫사람을 부르는 호칭이 각각 다르므로 상대에 맞게 올바르게 사용해야 합니다. 웃어른들께는 '야!'라는 호칭을 쓰면 안 되고, 높임말을 써서 대화해야 합니다. 나이 차이가 많지 않은 윗사람에게는 '형·오빠'나 '누나·언니'라고 부르고, 또래나 아랫사람에게는 이름을 부르기도 합니다.

이웃 간에 지켜야 할 생활 예절로는 [4]사생활 보호하기, 문제가 생겼을 때 대화로 해결하기, 집 주변 깨끗이 하기, [5]층간 소음 주의하기 등이 있습니다. 서로 친하게 지내는 이웃이라도 지나치게 사생활에 관심을 가지거나 [6]관여하지 않아야 합니다. 또한, 문제가 생기면 대화로 해결하고, 집 앞에 지저분한 물건을 놓지 말고 깨끗이 사용해야 합니다. 층간 소음은 이웃 간에 큰 다툼이 일어날 수 있는 예민한 문제이므로 집 안에서 뛰거나 큰 소리가 나지 않도록 특히 더 조심해야 합니다.

---

❶ **교류**: 서로 다른 개인, 지역, 나라 사이에서 물건이나 문화, 사상 따위를 주고받는 것.
❷ **공손히**: 겸손하고 예의 바른 말이나 행동으로.
❸ **웃어른**: 나이나 지위, 신분 따위가 자기보다 높아 모시는 어른.
❹ **사생활**: 개인의 자유로운 일상생활.
❺ **층간 소음**: 아파트와 같은 공동 주택의 한 층에서 발생한 소리가 다른 층 집에 전달되는 생활 소음.
❻ **관여하다**: 어떤 일에 관계하여 참여하다.

이웃사촌

"이웃이 사촌보다 낫다."라는 속담이 있습니다. 가까이 사는 이웃이 먼 곳에 사는 친척보다 낫다는 말로, 자주 보는 사람이 정도 많이 들고 도움을 주고받기도 쉽다는 뜻입니다. 서로 이웃에 살면서 친해져 사촌처럼 가까운 이웃을 우리는 '이웃사촌'이라고 합니다.

1 이 글의 중심 낱말로 알맞은 것은 어느 것인가요? (　　　)

① 가족　② 대화　③ 이웃　④ 인사　⑤ 호칭

2 이웃을 만났을 때 상황에 맞게 인사하는 모습을 골라 ○표 하세요.

(　　　)　(　　　)　(　　　)

3 이웃 간 생활 예절을 잘 실천한 사람의 이름을 쓰세요.

- 석주: 우편함에 있던 다른 이웃의 편지를 열어서 읽어 봤어.
- 혜윤: 문 앞에 쌓인 택배 상자를 치우지 않았는데 우리 집 앞이니까 상관없어.
- 성훈: 친구들과 우리 집에서 놀면서 뛰거나 큰 소리를 내지 않도록 다 같이 조심했어.

(　　　)

4 이 글을 통해 알 수 있는 내용으로 알맞지 않은 것은 어느 것인가요? (　　　)

① 이웃 간 예절을 잘 지켜야 서로 잘 지낼 수 있다.
② 가까운 거리에 살아야만 이웃이 되는 것은 아니다.
③ 또래 친구를 만나면 반갑게 손을 흔들며 인사한다.
④ 자주 만나는 웃어른께는 높임말을 쓰지 않아도 된다.
⑤ 이웃 간에 문제가 생기면 대화로 해결하는 것이 좋다.

5 이 글을 통해 알 수 있는 내용으로 알맞지 않은 것은 어느 것인가요? (　　　)

① 이웃의 의미　② 이웃과 친척의 차이점
③ 어른께 인사하는 방법　④ 이웃에 따라 달라지는 호칭
⑤ 이웃 간에 지켜야 할 생활 예절

1 다음의 뜻을 가진 낱말을 보기 에서 찾아 쓰세요.

보기	교류	사생활	웃어른

(1) 개인의 자유로운 일상생활. (　　　　　　　)

(2) 나이나 지위, 신분 따위가 자기보다 높아 모시는 어른. (　　　　　　　)

(3) 서로 다른 개인, 지역, 나라 사이에서 물건이나 문화, 사상 따위를 주고받는 것. (　　　　　　　)

2 다음 문장에 들어갈 말 중 웃어른께 써야 하는 높임말을 골라 ○표 하세요.

(1) 할머니, (밥 / 진지) 드세요.

(2) 겨울 방학에 할아버지 (댁 / 집)에 놀러 갈 거예요.

(3) 수업 시간에는 선생님 (말 / 말씀)을 잘 들어야 해요.

(4) 우리 할아버지는 (나이 / 연세)가 많지만 건강하십니다.

3 다음 그림에 어울리는 상태를 나타내는 말을 골라 ○표 하세요.

(1) 

(바쁘다 / 어수선하다)

(2) 

(공손하다 / 성실하다)

(3) 

(부유하다 / 여유롭다)

20
일차
5
장

이제부터 나도 우리 고장 환경 지킴이

정답 확인
하루한장 앱에서
학습 인증하고
하루템을 모으세요!

매체 독해

다음 포스터를 보고, 물음에 답해 봅시다.

우리 고장의 환경을 지키는 플로깅, 함께해요

플로깅(Plogging)이란 이삭줍기를 뜻하는 스웨덴어 '플로카 업(plocka upp)'과 달리기를 뜻하는 영어 '조깅(jogging)'이 합쳐진 말로, 달리면서 쓰레기를 줍는 환경 실천 활동을 말합니다.

플로깅은 2016년 스웨덴에서 처음 시작하여 프랑스, 아이슬란드, 미국 등 전 세계로 확산되었습니다. 현재 우리나라에서도 건강과 환경을 동시에 지킬 수 있다는 점에서 큰 인기를 끌고 있답니다.

고장의 환경을 지키는 착한 운동, 우리 함께해요!

* 일 시: 20○○년 ○○월 ○○일 오후 2시
* 장 소: □□구청 종합민원실 앞
* 준비물: 에코백 또는 종량제 봉투, 장갑, 집게

1 플로깅에 대한 설명으로 알맞지 않은 것은 어느 것인가요? ( )

① 2016년 스위스에서 처음 시작했다.

② 건강과 환경을 동시에 지킬 수 있다.

③ '플로카 업'과 '조깅'이 합쳐진 말이다.

④ 현재 우리나라에서도 큰 인기를 끌고 있다.

⑤ 달리면서 쓰레기를 줍는 환경 실천 운동이다.

2 플로깅을 할 때 필요한 준비물로 알맞지 않은 것은 어느 것인가요? ( )

① 장갑 ② 집게 ③ 에코백 ④ 손수건 ⑤ 종량제 봉투

글 독해 다음 글을 읽고, 물음에 답해 봅시다.

우리 고장의 환경을 지키기 위해서는 어떻게 해야 할까요? 먼저 친환경적인 생활을 실천해야 합니다. 맑은 공기를 위해 가까운 거리는 걸어가거나 자전거를 타고, ❶수질 오염을 줄이기 위해 설거지를 할 때에는 물을 받아서 하고 세제 사용을 줄입니다. 소중한 자원을 아끼기 위해 일회용 컵 대신 개인 컵을 사용하고, 휴지 대신 손수건을 사용합니다. 그리고 전기를 사용하지 않을 때에는 스위치를 꼭 끄고, 겨울철 실내에서는 연료가 많이 드는 난방 도구를 사용하는 대신 옷을 따뜻하게 입는 것도 좋은 방법입니다.

❷생활 폐기물을 올바른 방법으로 버리는 것도 중요합니다. 페트병 등 플라스틱은 내용물을 비운 후 상표를 떼고 최대한 ❸압착해서 버립니다. 라면이나 과자 봉지, 시장에서 많이 받게 되는 비닐봉지는 내용물을 비운 뒤 모아서 버리는 것이 좋습니다. 음식물 쓰레기는 일반 쓰레기와 잘 분류해서 버립니다. 과일의 씨, 생선이나 닭고기 뼈, 달걀 껍데기 등은 음식물 쓰레기가 아니라 일반 쓰레기로 배출해야 합니다.

'녹색 소비자'로서 친환경적인 소비에 참여할 수도 있습니다. 녹색 소비자란 환경 보호에 도움이 되는 제품을 구매하는 소비자를 뜻합니다. 녹색 소비자가 되기 위해서는 개인 컵을 사용하고 플라스틱 빨대 대신 종이 빨대를 사용하는 등 ❹일회용품 사용을 줄이는 것부터 실천하는 것이 좋습니다. 또한, ❺환경 마크가 붙은 제품을 사거나 ❻재활용품을 이용하여 만든 의류나 가방을 구입하는 것도 좋은 실천 방법입니다.

---

❶ **수질 오염**: 인간 활동으로 하천, 호수, 바다 따위가 더러워져 생활에 피해를 주는 현상.
❷ **생활 폐기물**: 가전 폐기물, 음식물 쓰레기, 중고 의류 등의 생활에서 발생한 못 쓰게 되어 버리는 물건을 통틀어 이르는 말.
❸ **압착하다**: 눌러서 물체를 납작하게 하다.
❹ **일회용품**: 한 번만 쓰고 버리도록 되어 있는 물건.
❺ **환경 마크**: 친환경적이며 품질이 우수한 제품에 대해 국가가 준 마크.
❻ **재활용품**: 특별한 방법으로 손질하고 다른 방식으로 되살려 사용하는 물건.

재활용 상점

우리나라에는 아름다운가게, 녹색가게 등 착한 소비를 권장하는 재활용 상점들이 있습니다. 재활용 상점의 등장으로 쓸 만큼 사용했거나 쓸모가 없어진 물건을 버리지 않고 그 물건을 필요로 하는 사람이 다시 사용할 수 있도록 함으로써 자원을 재순환할 수 있게 되었습니다.

1 이 글의 중심 내용으로 알맞은 것은 어느 것인가요? (　　　)

① 환경을 지키는 방법　② 쓰레기를 버리는 방법
③ 에너지를 절약하는 방법　④ 녹색 소비자가 되는 방법
⑤ 건강을 지키기 위한 방법

2 환경을 지키기 위한 실천 방법으로 알맞은 것을 보기 에서 골라 기호를 쓰세요.

보기
㉠ 손수건 대신 휴지를 사용한다.
㉡ 일회용 컵 대신 개인 컵을 사용한다.
㉢ 설거지할 때에는 세제를 최대한 많이 사용해 깨끗이 닦는다.

(　　　　　　　)

3 생활 폐기물의 배출 방법으로 알맞은 것에 ○표 하세요.

과자를 먹다가 남은 것은 과자 봉지에 싸서 같이 버린다. ☐	치킨을 먹고 남은 닭고기 뼈는 음식물 쓰레기로 버린다. ☐	페트병은 내용물을 비운 후 상표를 떼고 최대한 압착해서 버린다. ☐

4 친환경적인 소비 생활을 실천하지 못한 사람의 이름을 쓰세요.

- 진아: 플라스틱 빨대 대신 종이 빨대를 이용하고 있어.
- 태유: 물건을 살 때에는 환경 마크가 없는 것을 사려고 해.
- 현수: 재활용품을 이용해서 만든 가방을 사서 사용하고 있어.

(　　　　　　　)

5 이 글에서 알 수 있는 내용으로 알맞지 않은 것은 어느 것인가요? (　　　)

① 음식물 쓰레기는 모두 일반 쓰레기로 배출해야 한다.
② 고장의 환경을 지키기 위해 우리가 실천할 수 있는 일이 있다.
③ 우리는 '녹색 소비자'로서 친환경적인 소비에 참여할 수 있다.
④ 가까운 거리를 걸어 다니는 것도 고장의 환경을 지키는 방법이다.
⑤ 녹색 소비자란 환경 보호에 도움이 되는 제품을 구매하는 소비자를 뜻한다.

하루 어휘

1 다음의 뜻을 가진 낱말을 보기 에서 찾아 쓰세요.

보기	생활 폐기물	수질 오염	재활용품

(1) 특별한 방법으로 손질하고 다른 방식으로 되살려 사용하는 물건.
( )

(2) 인간 활동으로 하천, 호수, 바다 따위가 더러워져 생활에 피해를 주는 현상.
( )

(3) 가전 폐기물, 음식물 쓰레기, 중고 의류 등의 생활에서 발생한 못 쓰게 되어 버리는 물건을 통틀어 이르는 말. ( )

2 다음 낱말의 뜻을 보고, 사진에 어울리는 낱말을 골라 ○표 하세요.

낱말	뜻
껍데기	물체의 겉을 싸고 있는 단단한 물질.
껍질	물체의 겉을 싸고 있는 단단하지 않은 물질.

(1) 
(껍질 / 껍데기)

(2) 
(껍질 / 껍데기)

(3) 
(껍질 / 껍데기)

(4) 
(껍질 / 껍데기)

3 다음은 각각 어떤 낱말이 합쳐져 만들어진 것인지 빈칸에 알맞은 말을 쓰세요.

(1) 김밥 = [ ] + [ ]

(2) 닭고기 = [ ] + [ ]

(3) 손수건 = [ ] + [ ]

신나는 퍼즐 퍼즐

주제4 우리 동네, 우리 고장

낱말판의 가로, 세로에 숨어 있는 용어를 찾아 쓰며, 주제4에서 공부한 용어의 뜻을 다시 한번 떠올려 봐요.

웃	민	장	수	감	재	미	리
어	구	회	인	가	활	민	중
른	자	사	이	웃	용	대	수
별	연	예	의	원	품	화	장
스	환	동	또	사	난	세	금
족	경	생	하	경	방	상	은
영	잔	은	공	공	시	설	동

힌트

❶ 땅의 생김새나 날씨 등 자연적으로 만들어진 것.

❷ 다양한 장소에 대해 가지는 저마다 다른 생각과 느낌.

❸ 지방 자치 단체에서 지역 주민들의 편리한 생활을 위해 만들고 관리하는 시설.

❹ 나라 살림에 쓰기 위하여 국민으로부터 걷는 돈.

❺ 가까운 거리에 살고 있으며 우리 가족과 교류가 있는 사람.

❻ 나이나 지위, 신분 따위가 자기보다 높아 모시는 어른.

❼ 특별한 방법으로 손질하고 다른 방식으로 되살려 사용하는 물건.

주제 5

세계의 여러 나라

이번 주에 공부할 내용에 대한
주간 학습 계획을 세워 보세요.

공부할 내용		교과 연계	공부한 날	스스로 평가
1장	세계 여러 나라의 국기	겨울 2-2 [1단원]	월 일	
2장	젓가락을 사용하는 국가들	겨울 2-2 [1단원]	월 일	
3장	한여름의 크리스마스	겨울 2-2 [1단원]	월 일	
4장	알록달록 세계의 옷	겨울 2-2 [1단원], 사회 3-2 [1단원]	월 일	
5장	이런 곳에도 집이 있다고요	겨울 2-2 [1단원], 사회 3-2 [1단원]	월 일	

세계 여러 나라의 국기

다음 지도를 보고, 물음에 답해 봅시다.

세계는 크고 작은 나라로 이루어져 있습니다. 사람들의 생김새가 다른 것처럼 세계 여러 나라도 크기와 모양이 서로 다릅니다.

세계에서 나라의 크기가 가장 큰 나라는 러시아이고, 가장 작은 나라는 바티칸 시국입니다. 우리나라는 세계에서 83번째로 큽니다.

1 지도를 보고, 해당하는 나라를 찾아 이름을 쓰세요.

(1) 크기가 가장 큰 나라: (　　　　　　　　　　)

(2) 크기가 가장 작은 나라: (　　　　　　　　　　)

2 지도를 보고 알 수 있는 내용으로 알맞은 것은 어느 것인가요? (정답 2개) (　　　　)

① 우리나라는 세계에서 83번째로 크다.

② 중국은 캐나다보다 나라의 크기가 더 크다.

③ 우리나라보다 나라의 크기가 작은 나라는 없다.

④ 오스트레일리아는 인도보다 나라의 크기가 더 작다.

⑤ 아르헨티나보다 나라의 크기가 더 큰 나라는 7개가 있다.

글 독해 다음 글을 읽고, 물음에 답해 봅시다.

국기는 한 나라를 상징하는 깃발로, 국가의 얼굴과 같습니다. 국기는 나라마다 모양과 그림, 색깔 등이 다릅니다. 국기에 그 나라의 자연과 역사, 종교 등이 담겨 있기 때문입니다. 캐나다 국기에는 국가의 상징인 단풍잎이 크게 그려져 있고, 50개의 ❶주로 이루어진 미국의 국기에는 50개의 주를 상징하는 별 50개가 그려져 있습니다. 국기는 국가의 종교를 나타내기도 합니다. ❷이슬람교를 믿는 터키, 알제리, 파키스탄 등의 나라에서는 국기에 이슬람교를 뜻하는 초승달과 별을 넣었고, 기독교를 믿는 덴마크, 핀란드 등에서는 국기에 십자(+) 모양을 넣었습니다. 국기에는 나라를 상징하는 무늬인 '❸문장'을 넣기도 합니다. 우리나라의 태극기에는 태극 문양과 4괘가 있고, 아르헨티나의 국기에는 '5월의 태양'이라는 문장이 새겨져 있습니다.

국기에 사용되는 색깔에도 다양한 의미가 담겨 있습니다. 빨간색은 애국, 정열 등을, 파란색은 바다, 하늘, 희망 등을 의미합니다. 노란색은 황금, 태양, 자원 등을, 초록색은 농업, 자연, 이슬람교 등을, 검은색은 ❹고난, 의지, ❺단결 등을 의미합니다. 국기의 색깔이 뚜렷한 의미를 지니는 가장 좋은 예는 프랑스의 국기입니다. 프랑스의 국기는 세로줄이 3개로 '삼색기'라고도 합니다. 왼쪽 줄부터 파란색은 자유, 하얀색은 평등, 빨간색은 ❻박애를 상징합니다. 하지만 오랜 옛날부터 전해져 내려오는 국기의 경우에는 국기를 이루는 무늬나 색깔의 뜻을 알기 어려울 때도 있습니다.

---

❶ **주**: 미국, 인도, 오스트레일리아와 같이 큰 나라를 이루고 있는 행정 구역의 하나.
❷ **이슬람교**: 알라를 섬기는 종교로, 세계 3대 종교의 하나임.
❸ **문장**: 국가나 단체 또는 집안 따위를 나타내기 위하여 사용하는 상징적인 마크.
❹ **고난**: 괴로움과 어려움을 아울러 이르는 말.
❺ **단결**: 많은 사람이 마음과 힘을 한데 뭉침.
❻ **박애**: 모든 사람을 평등하게 사랑함.

수많은 종류의 다양한 깃발

국기처럼 나라를 상징하는 깃발만 있는 것은 아닙니다. 국제기구인 유럽 연합과 적십자를 상징하는 깃발도 있고, 올림픽을 상징하는 오륜기도 있습니다. 이렇게 규모가 큰 단체뿐만 아니라 학교나 기업, 축구나 야구팀 등도 그들만의 깃발을 가지고 있습니다.

1. 이 글의 중심 낱말로 알맞은 것은 어느 것인가요? (　　　)

① 국가　② 국기　③ 국토　④ 깃발　⑤ 종교

2. 여러 나라의 국기에 대한 설명으로 알맞은 것을 보기 에서 골라 기호를 쓰세요.

보기
㉠ 미국의 국기에는 단풍잎이 크게 그려져 있다.
㉡ 덴마크, 핀란드는 국기에 십자 모양을 넣었다.
㉢ 아르헨티나의 국기에는 초승달과 별이 그려져 있다.

(　　　)

3. 국기에 사용된 색깔에 담긴 뜻을 선으로 이어 보세요.

노란색 •	• 고난, 의지, 단결 등
초록색 •	• 황금, 태양, 자원 등
검은색 •	• 농업, 자연, 이슬람교 등

4. 프랑스 국기의 세 가지 색깔이 상징하는 것을 쓰세요.

(1) 파란색: (　　　)
(2) 하얀색: (　　　)
(3) 빨간색: (　　　)

5. 국기에 대한 설명으로 알맞지 않은 것은 어느 것인가요? (　　　)

① 국기는 한 나라를 상징하는 깃발이다.
② 종교가 같은 나라들은 국기의 모양이 똑같다.
③ 국기에는 그 나라의 자연과 역사가 담겨 있다.
④ 우리나라의 태극기에는 태극 문양과 4괘가 있다.
⑤ 국기에 나라를 상징하는 무늬인 '문장'을 넣기도 한다.

하루 어휘

1 다음 낱말의 뜻으로 알맞은 것을 선으로 이어 보세요.

고난 •	• 모든 사람을 평등하게 사랑함.
단결 •	• 많은 사람이 마음과 힘을 한데 뭉침.
박애 •	• 괴로움과 어려움을 아울러 이르는 말.

2 다음 물건에 어울리는 세는 말을 보기 에서 찾아 쓰세요.

보기 개 채 척 톨

(1) ( )

(2)  ( )

(3) 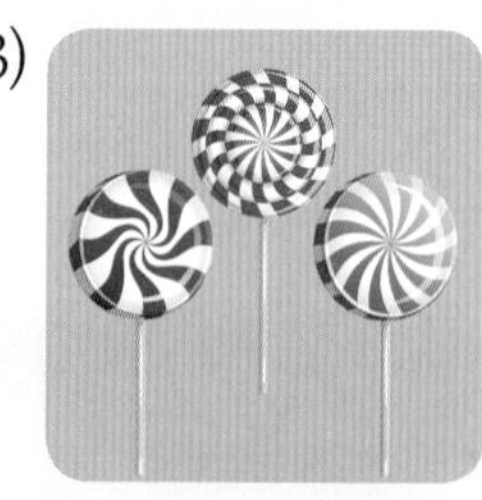 ( )

(4)  ( )

3 다음 문장에서 '얼굴'이 어떤 뜻으로 사용되었는지 번호를 쓰세요.

얼굴
① 눈, 코, 입이 있는 머리의 앞면.
② 어떤 마음 상태가 나타난 표정.

(1) 하은이는 화가 난 얼굴로 말하였다. ( )

(2) 동생은 크레파스가 묻은 얼굴을 씻었다. ( )

젓가락을 사용하는 국가들

정답 확인
하루한장 앱에서
학습 인증하고
하루템을 모으세요!

매체 독해

다음 검색 결과를 보고, 물음에 답해 봅시다.

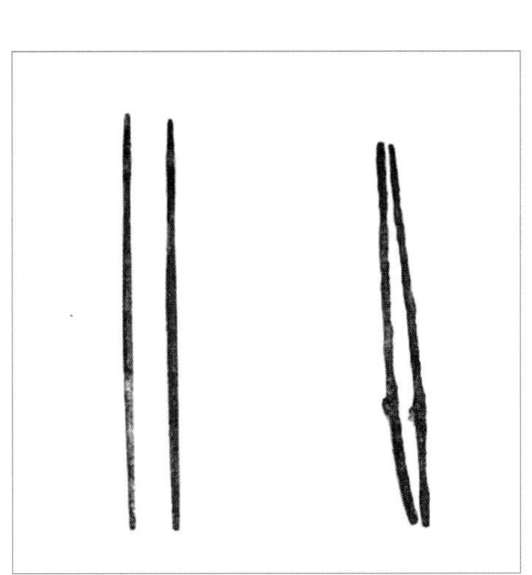

청동 젓가락

국립공주박물관 소장

명칭	청동 젓가락
다른 명칭	청동저
국적 / 시대	한국 / 백제
출토지	충청남도 공주시
분류	음식 - 젓가락
재질	금속
크기	길이 21.2 cm, 길이 19.5 cm
소장품 번호	공주 668

상세 정보 무령왕릉에서 출토된 청동으로 만든 젓가락은 우리나라에서 발견된 가장 오래된 젓가락이다. 젓가락 가운데에는 손잡이 부분에 둥근 고리를 만들어 고려 시대의 젓가락과 같이 끈으로 묶을 수 있도록 하였다.

1 검색 결과의 청동 젓가락이 출토된 곳을 골라 색칠하세요.

공양왕릉	동명왕릉	무령왕릉	무열왕릉

2 검색 결과에 나오는 청동 젓가락에 대한 설명으로 알맞은 말을 골라 ○표 하세요.

(1) (국립공주 / 국립중앙)박물관에 소장되어 있다.

(2) 우리나라에서 발견된 가장 오래된 젓가락으로 (나무 / 금속)(으)로 만들어졌다.

(3) 젓가락 가운데에는 손잡이 부분에 둥근 고리를 만들어 (고려 / 삼국) 시대의 젓가락과 같이 끈으로 묶을 수 있도록 하였다.

글 독해 다음 글을 읽고, 물음에 답해 봅시다.

우리나라와 중국, 일본은 ❶지리적으로 가까워서 옛날부터 서로 자연스럽게 문화를 주고받았습니다. 세 나라의 식생활 모습을 살펴보면, 식사할 때 모두 젓가락을 사용한다는 공통점을 가지고 있습니다. 젓가락은 ❷고대 중국에서 가장 먼저 사용하였고, 교류를 통해 우리나라와 일본에 전해졌습니다. 세 나라의 젓가락 모양은 각 나라 문화의 영향을 받아 조금씩 다르게 생겼습니다. 나라마다 자연환경과 역사, 사람들의 생각 등이 다르므로 조금씩 차이가 있는 것입니다.

그렇다면 우리나라와 중국, 그리고 일본의 젓가락 모양과 사용 방법은 어떻게 다를까요? 우선 우리나라는 금속으로 만든 젓가락을 주로 사용합니다. 그 까닭은 무게가 있는 반찬을 잘 집을 수 있고, 또 김치 같은 ❸절인 음식을 많이 먹어도 국물이 잘 스며들지 않기 때문입니다. 중국은 둥글고 큰 식탁에 둘러앉아 음식을 한가운데 두고 먹기 때문에 음식을 집기 편하도록 길이가 긴 젓가락을 사용합니다. 또 뜨겁고 기름진 음식을 많이 먹기 때문에 음식이 미끄러지지 않도록 젓가락 끝이 ❹뭉툭합니다. 마지막으로 일본은 ❺섬나라여서 생선 요리를 많이 먹기 때문에 가시를 편하게 바를 수 있도록 젓가락의 끝이 뾰족하며, 습기가 많기 때문에 쉽게 ❻녹슬지 않는 나무로 젓가락을 만듭니다. 이처럼 세 나라 모두 음식을 먹을 때 젓가락을 사용하는 것은 같지만 각 나라의 음식 문화에 따라 젓가락 모양은 다르게 나타납니다.

---

❶ **지리적**: 어떤 곳의 땅의 생긴 모양이나 길 따위의 형편에 관한 것.
❷ **고대**: 옛 시대.
❸ **절이다**: 생선이나 채소 따위를 소금이나 식초, 설탕에 담가 간이 배어들게 하다.
❹ **뭉툭하다**: 사물의 끝이 짧고 굵으면서 짤막하다.
❺ **섬나라**: 하나 또는 그 이상의 섬으로 이루어진 나라.
❻ **녹슬다**: 쇠붙이의 표면 모양이나 색이 변하다.

우리나라, 중국, 일본의 비슷한 문화

우리나라, 중국, 일본의 문화에서 젓가락을 사용하는 문화 말고도 비슷한 것이 있습니다. 세 나라 모두 한자를 사용하며 유교 문화의 영향으로 웃어른을 공경하는 문화가 나타나고, 불교문화의 영향을 받아 곳곳에 절이 많이 있습니다.

1 이 글에서 우리나라, 중국, 일본이 식사할 때 공통으로 사용하는 도구를 찾아 쓰세요.

2 이 글을 통해 알 수 있는 내용으로 옳은 것에는 ○표, 옳지 않은 것에는 ×표 하세요.

(1) 먼 옛날에 우리나라가 중국과 일본에 젓가락 문화를 전파하였다. ( )

(2) 세 나라의 젓가락 모양은 각 나라 문화의 영향을 받아 다르게 생겼다. ( )

3 우리나라가 금속으로 만든 젓가락을 주로 사용하는 까닭을 바르게 말한 사람의 이름을 쓰세요.

- 주연: 생선 요리를 많이 먹기 때문이야.
- 상희: 기름진 음식을 많이 먹기 때문이야.
- 선하: 김치 같은 절인 음식을 많이 먹기 때문이야.

( )

4 다음과 같은 특징을 가진 젓가락을 사용하는 나라는 어디인가요? ( )

섬나라여서 생선 요리를 많이 먹기 때문에 가시를 편하게 바를 수 있도록 끝이 뾰족하다.

① 미국 ② 일본 ③ 중국 ④ 한국 ⑤ 러시아

5 이 글에서 알 수 있는 내용으로 알맞은 것은 어느 것인가요? ( )

① 우리나라, 중국, 일본은 음식 문화가 비슷하다.

② 젓가락은 우리나라, 중국, 일본에서만 사용한다.

③ 중국은 끝이 뾰족한 나무로 된 젓가락을 주로 사용한다.

④ 일본에서는 둥글고 큰 식탁에 둘러앉아 음식을 한가운데 두고 먹는다.

⑤ 우리나라, 중국, 일본은 지리적으로 가까워 서로 자연스럽게 문화를 주고받았다.

하루 어휘

1 다음 밑줄 친 낱말의 뜻으로 알맞은 것을 선으로 이어 보세요.

두 나라는 <u>지리적</u>으로 가깝다. •	• 옛 시대.
이 석탑은 <u>고대</u>에 만들어진 것이다. •	• 쇠붙이의 표면 모양이나 색이 변하다.
어릴 때 타던 자전거는 이미 <u>녹슬었다</u>. •	• 어떤 곳의 땅의 생긴 모양이나 길 따위의 형편에 관한 것.

2 다음 그림을 보고 빈칸에 들어갈 알맞은 낱말을 골라 ○표 하세요.

(1)

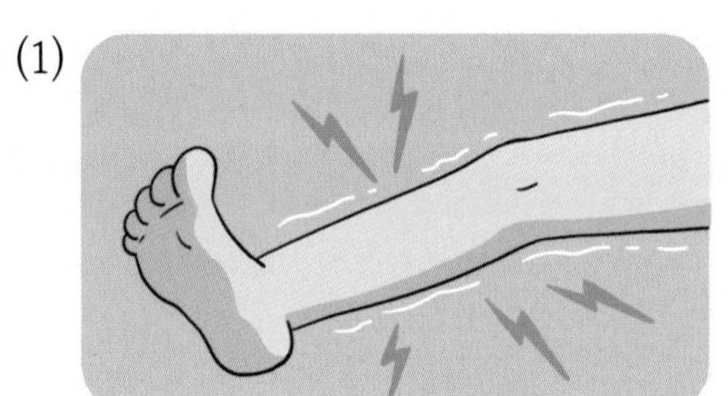

다리가 (저리다 / 절이다).

(2)

생선을 소금에 (저리다 / 절이다).

3 다음 빈칸에 들어갈 말의 뜻을 보고, 알맞은 낱말을 보기에서 찾아 쓰세요.

보기: 길쭉한 뭉툭한 뾰족한

(1) 미주는 [ ][ ][ ] 연필을 깎았다.
ㄴ 사물의 끝이 짧고 굵으면서 짤막한.

(2) 장미는 [ ][ ][ ] 가시를 가지고 있다.
ㄴ 물체의 끝이 점차 가늘어져서 날카로운.

(3) 배구 선수인 그는 [ ][ ][ ] 팔다리를 가졌다.
ㄴ 조금 긴.

한여름의 크리스마스

다음 글을 읽고, 물음에 답해 봅시다.

미래에게

미래야, 오랜만이야. 크리스마스는 잘 보냈어? 내가 사는 오스트레일리아의 시드니는 이번 크리스마스에 땀이 뻘뻘 날 정도로 무척 더웠어. 그래서 크리스마스에 가족들과 해수욕장에 놀러 가서 물놀이하며 캐럴을 들었단다.

네가 사는 대한민국은 오스트레일리아와 계절이 반대라고 들었어. 하얀 눈도 펑펑 내리고 눈사람도 만들었을까? 네가 보낸 크리스마스는 어땠을지 너무 궁금하다.

그럼 너의 소식을 기다리고 있을게. 건강하게 잘 지내!

20○○년 12월 25일 너의 친구 신디가

크리스마스에 해수욕장에서 찍은 사진이야.

1 위와 같은 글을 무엇이라고 하나요? (　　　)

① 일기　② 편지　③ 기행문　④ 안내문　⑤ 전기문

2 이 글을 읽고 알게 된 내용으로 알맞은 것은 어느 것인가요? (　　　)

① 오스트레일리아의 크리스마스는 겨울 날씨이다.
② 신디는 오스트레일리아의 시드니로 전학을 갔다.
③ 신디는 크리스마스에 해수욕장에서 물놀이를 했다.
④ 미래는 오스트레일리아에서 신디와 크리스마스를 함께 보냈다.
⑤ 신디는 크리스마스에 펑펑 내리는 눈을 맞으면서 눈사람을 만들었다.

다음 글을 읽고, 물음에 답해 봅시다.

크리스마스를 떠올리면 어떤 것이 생각나나요? 하얀 눈과 추운 겨울이 생각날 것입니다. 하지만 이 세상에는 한여름에 크리스마스를 보내는 나라도 있습니다. 바로 오스트레일리아입니다. 오스트레일리아의 12월은 햇볕이 쨍쨍 ❶내리쬐는 여름으로, 크리스마스에 눈이 내리는 건 상상도 할 수 없는 일입니다.

한여름에 보내는 오스트레일리아의 크리스마스는 어떤 모습일까요? 오스트레일리아에서는 눈사람을 만들 수 없어서 모래로 눈사람 모양을 만듭니다. 해수욕장에 크리스마스트리를 세우고 수영복 차림으로 크리스마스를 보내는 사람들도 많습니다. 산타 복장을 하고 바다에서 ❷서핑을 즐기기도 합니다. 이렇듯 우리나라와 오스트레일리아에서 보내는 크리스마스의 모습은 아주 다릅니다.

그렇다면 우리나라와 오스트레일리아의 크리스마스 ❸풍경은 왜 다른 걸까요? 지구 한가운데인 적도를 중심으로 북쪽은 ❹북반구, 남쪽은 ❺남반구라고 합니다. 지구가 기울어진 채로 태양 주위를 돌기 때문에 북반구와 남반구의 계절은 서로 반대로 나타납니다. 그래서 12월에 북반구에 있는 우리나라가 겨울일 때, 남반구에 있는 오스트레일리아는 여름이 됩니다.

---

❶ **내리쬐다**: 볕 따위가 세차게 아래로 비치다.
❷ **서핑**: 파도를 이용하여 타원형의 널빤지를 타고 파도 위나 안을 빠져나가면서 즐기는 놀이.
❸ **풍경**: 산이나 들, 강, 바다 따위의 자연이나 지역의 모습.
❹ **북반구**: 적도를 중심으로 지구를 둘로 나누었을 때의 북쪽 부분.
❺ **남반구**: 적도를 중심으로 지구를 둘로 나누었을 때의 남쪽 부분.

호주일까, 오스트레일리아일까

우리가 알고 있는 '호주'라는 나라 이름은 오스트레일리아를 한자어로 표현한 것입니다. 호주와 오스트레일리아는 같은 나라인 것입니다. 오스트레일리아가 위치한 오세아니아 대륙은 오랫동안 다른 대륙과 떨어져 있었습니다. 그래서 다른 대륙에서는 볼 수 없는 캥거루, 코알라, 날지 못하는 새 에뮤, 오리너구리 같은 신기한 동물들이 많습니다.

1 이 글에서 설명한 내용을 보기 에서 모두 골라 기호를 쓰세요.

㉠ 북반구와 남반구의 계절 차이
㉡ 남반구에 위치한 여러 나라들
㉢ 오스트레일리아의 크리스마스 역사
㉣ 오스트레일리아의 크리스마스 풍경

(　　　　　　　　　)

2 오스트레일리아에서 크리스마스를 보내는 모습으로 알맞은 것을 모두 골라 ○표 하세요.

(　　　　)

(　　　　)

(　　　　)

3 북반구와 남반구의 계절이 서로 반대로 나타나는 까닭을 바르게 말한 사람의 이름을 쓰세요.

- 찬미: 태양이 지구 주위를 돌기 때문이야.
- 현경: 지구가 기울어진 채로 태양 주위를 돌기 때문이야.
- 진수: 지구가 서쪽에서 동쪽으로 스스로 움직이기 때문이야.

(　　　　　　　　　)

4 이 글에서 알 수 있는 내용으로 알맞지 않은 것은 어느 것인가요? (　　　　)

① 적도 부근 지역은 일 년 내내 여름이다.
② 북반구와 남반구의 계절은 서로 반대이다.
③ 적도를 중심으로 북쪽은 북반구, 남쪽은 남반구라고 한다.
④ 우리나라와 오스트레일리아의 크리스마스 풍경은 다르다.
⑤ 우리나라가 여름일 때 남반구에 위치한 오스트레일리아는 겨울이다.

하루 어휘

1 다음의 뜻을 가진 낱말을 보기 에서 찾아 쓰세요.

보기	남반구	서핑	풍경

(1) 산이나 들, 강, 바다 따위의 자연이나 지역의 모습. (　　　　)

(2) 적도를 중심으로 지구를 둘로 나누었을 때의 남쪽 부분. (　　　　)

(3) 파도를 이용하여 타원형의 널빤지를 타고 파도 위나 안을 빠져나가면서 즐기는 놀이. (　　　　)

2 다음 문장에 어울리는 흉내 내는 말을 보기 에서 찾아 쓰세요.

보기	덜덜	쌩쌩	쨍쨍	쾅쾅

(1) 몸이 [　][　] 떨려요. (2) 차가 [　][　] 달려요.

(3) 문을 [　][　] 두드려요. (4) 햇볕이 [　][　] 내리쬐요.

3 다음 문장에 들어갈 알맞은 낱말을 골라 ○표 하세요.

(1)
- 아이들은 (모래 / 모레)를 만지며 놀고 있었다.
- (모래 / 모레)는 가족들과 바닷가에 가기로 한 날이다.

(2)
- 언니는 밤을 (새우고 / 세우고) 몹시 피곤해 하였다.
- 주인은 가게 앞에 간판을 (새우고 / 세우고) 손님을 기다렸다.

(3)
- 동생은 겉옷을 입은 (채 / 체) 잠이 들었다.
- 친구가 잘난 (채 / 체)를 하며 말해서 기분이 나빴다.

알록달록 세계의 옷

다음 광고지를 보고, 물음에 답해 봅시다.

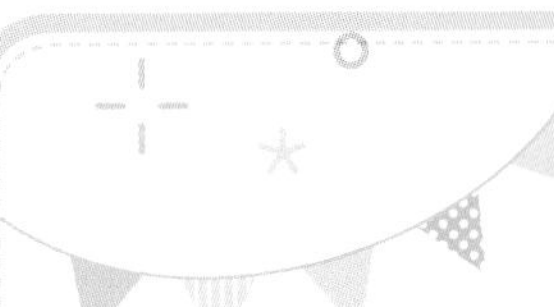

모자 백화점

세계 여러 나라의 다양하고 신기한 모자를 살 기회입니다!

베트남의 논
햇빛을 가리고 비를 피할 수 있는 모자

이란의 히잡
이슬람 나라에서 여자들이 쓰는 두건

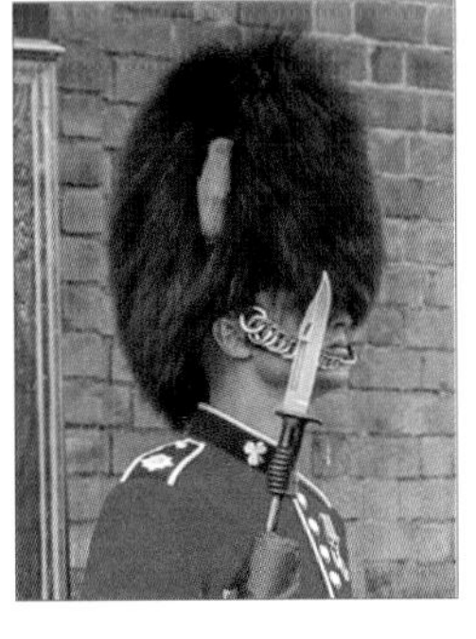

영국의 베어스킨
영국의 근위병이나 기병이 쓰는 털모자

프랑스의 토크 블랑슈
요리사가 불 앞에서 요리할 때 쓰는 모자

멕시코의 솜브레로
밀짚이나 펠트로 만든 챙이 넓은 모자

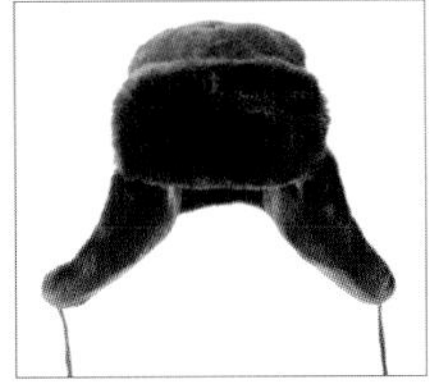

러시아의 우샨카
동물의 털로 만든 귀까지 덮을 수 있는 모자

* 근위병: 임금을 가까이에서 보호하고 지키는 군인.
* 기병: 말을 타고 싸우는 병사.

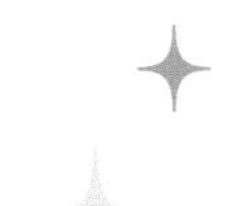

1 여러 나라의 모자에 대한 설명으로 알맞은 것을  에서 골라 기호를 쓰세요.

보기
㉠ 베트남의 논은 햇빛을 가리고 비를 피할 수 있다.
㉡ 러시아의 우샨카는 밀짚이나 펠트로 만든 모자이다.
㉢ 이란의 히잡은 이슬람 나라에서 남자들이 쓰는 두건이다.

( )

2 프랑스의 토크 블랑슈와 관련 있는 직업은 어느 것인가요? ( )

① 군인 ② 의사 ③ 근위병 ④ 요리사 ⑤ 디자이너

글 독해 다음 글을 읽고, 물음에 답해 봅시다.

세계 여러 나라 사람들의 옷차림은 다양하게 나타납니다. 나라마다 지형, 기후, 종교, ❶풍습 등이 다르기 때문입니다. 우리나라가 속한 아시아 지역의 전통 복장부터 알아볼까요? 베트남의 전통 복장인 아오자이는 '긴 옷'이라는 뜻으로, 옆이 트여 있는 긴 상의와 품이 넉넉한 바지가 특징입니다. 머리에는 햇빛을 가리고 비를 피하기 위해 '논'이라고 하는 ❷원뿔형의 모자를 씁니다. 인도의 전통 복장인 사리는 길고 넓은 한 장의 천으로 만듭니다. 천의 한쪽은 허리에 감아 매고, 다른 한쪽은 어깨에 걸쳐 ❸늘어뜨려 입습니다. 사리가 한 장의 천으로 만들어진 것은 ❹힌두교에서 옷감을 자르고 바느질하는 것을 올바르지 않다고 여기기 때문입니다. 일본의 전통 복장인 기모노는 넓고 긴 소매, 화려한 문양과 색깔이 특징입니다.

아시아 외의 지역에서도 다양한 전통 복장을 볼 수 있습니다. 케냐에 사는 마사이족은 시카라는 전통 복장을 입습니다. 남녀 모두 색색의 ❺장신구를 걸치고 붉은 천을 둘러 화려하게 꾸미는 것이 특징입니다. 멕시코에서는 천 가운데에 구멍을 뚫고 그곳으로 머리를 내어 입는 판초를 입어 낮과 밤의 기온 차를 극복하고, ❻챙이 넓은 모자인 솜브레로를 써서 햇빛을 가립니다. 스코틀랜드에서는 남자들이 킬트라는 전통 복장을 입습니다. 킬트는 체크무늬로 된 천으로 만든 짧은 치마로, 앞 중앙부에 조그만 가죽 주머니를 장식으로 달았습니다. 마지막으로 북극 지방에 사는 이누이트는 추운 지역에 살기 때문에 순록 등의 동물 가죽과 털로 만든 아노락이라는 옷을 입어 몸을 보호합니다.

---

❶ **풍습**: 오래전부터 지켜 내려오는 사회적 풍속이나 관습.
❷ **원뿔형**: 원뿔처럼 생긴 모양.
❸ **늘어뜨리다**: 사물의 한쪽 끝을 아래로 처지게 하다.
❹ **힌두교**: 인도의 전통적인 민족 종교.
❺ **장신구**: 몸치장을 하는 데 쓰는 물건. 반지, 귀고리, 목걸이, 팔찌, 비녀, 브로치, 넥타이핀 따위를 통틀어 이르는 말.
❻ **챙**: 모자 끝에 대서 햇볕을 가리는 부분.

이슬람 여성들의 전통 복장

이슬람교를 믿는 여성들은 종교적 가르침에 따라 머리나 목, 가슴을 가리기 위한 베일을 씁니다. 얼굴은 드러내고 머리카락만 가리는 히잡, 눈이나 얼굴만 내놓고 뒤집어쓰는 차도르, 온 몸을 가리는 부르카 등 그 명칭과 형태가 다양합니다.

1 이 글의 중심 내용으로 알맞은 것은 어느 것인가요? (　　　)

① 사라져 가는 전통 복장　② 아시아 전통 복장의 아름다움
③ 세계 여러 나라의 다양한 전통 복장　④ 전통 복장의 화려한 무늬에 담긴 뜻
⑤ 세계의 전통 복장을 보존해야 하는 까닭

2 나라마다 옷차림이 다르게 나타나는 것과 관계있는 것을 모두 골라 색칠하세요.

경제	기후	면적	종교	지형	풍습

3 다음은 어떤 나라의 전통 복장인지 쓰세요.

(1) (　　　)　(2) (　　　)　(3) (　　　)

4 다음 전통 복장에 해당하는 설명을 선으로 이어 보세요.

멕시코의 판초 •	• 체크무늬로 된 천으로 만든 짧은 치마를 입는다.
스코틀랜드의 킬트 •	• 천 가운데에 구멍을 뚫고 그곳으로 머리를 내어 입는다.

5 이 글에서 알 수 있는 내용으로 알맞지 않은 것은 어느 것인가요? (　　　)

① 멕시코에서는 챙이 넓은 모자인 솜브레로를 쓴다.
② 킬트는 스코틀랜드에서 여자들이 입는 전통 복장이다.
③ 인도에서는 힌두교의 영향으로 한 장의 천으로 만든 사리를 입는다.
④ 이누이트는 추위를 막기 위해 동물 가죽과 털로 만든 아노락을 입는다.
⑤ 베트남의 논은 원뿔형 모자로 햇빛을 가리고 비를 피하는 데 사용한다.

하루 어휘

1 다음 낱말의 뜻과 초성을 참고하여 문장의 빈칸에 들어갈 알맞은 낱말을 쓰세요.

(1) 그녀는 [ㅊ] 이/가 넓은 모자를 쓰고 앉아 있었다. [ ]

ㄴ 모자 끝에 대서 햇볕을 가리는 부분.

(2) 각 나라의 [ㅍ][ㅅ] 을/를 알려 주는 책을 읽었다. [ ][ ]

ㄴ 오래전부터 지켜 내려오는 사회적 풍속이나 관습.

(3) 가게 안은 온갖 [ㅈ][ㅅ][ㄱ] 들로 가득하였다. [ ][ ][ ]

ㄴ 몸치장을 하는 데 쓰는 물건.

2 다음 그림을 보고 빈칸에 들어갈 알맞은 낱말을 골라 ○표 하세요.

(1)

가방을 (매다 / 메다).

(2)

운동화 끈을 (매다 / 메다).

3 밑줄 친 낱말의 뜻이 다음과 같은 뜻으로 쓰인 것에 ○표 하세요.

감다: 어떤 물체를 다른 물체에 말거나 빙 두르다.

이제 혼자서 머리도 <u>감는다</u>.

( )

팔을 다쳐서 붕대를 <u>감았다</u>.

( )

무서운 장면이 나와서 눈을 <u>감았다</u>.

( )

25
일차
5
장

이런 곳에도 집이 있다고요

정답 확인
하루한장 앱에서
학습 인증하고
하루템을 모으세요!

매체 독해

다음 신문 기사를 읽고, 물음에 답해 봅시다.

미래일보 20○○년 ○○월 ○○일 ○요일

이누이트는 이글루에 살지 않는다

북극 지방에 사는 이누이트는 주변에서 쉽게 구할 수 있는 재료인 얼음으로 이글루라는 집을 만들었다.

그러나 이제는 북극 지방에서 이글루의 모습을 보기 어려워졌다. 원래 이글루는 사냥꾼들이 먼 거리로 사냥을 나갈 때 잠시 머물던 얼음집이다. 오늘날에는 사냥꾼들이 개썰매보다 속도가 빠른 스노모빌과 셔틀버스를 이용해 사냥을 나가기 때문에 이글루를 지을 필요가 없어진 것이다.

이제 이글루는 관광객이나 축제를 위해 지을 뿐이다.

1 이글루는 누가 만들었는지 신문 기사에서 찾아 쓰세요.

북극 지방에 사는 □□□□

2 이글루에 대한 설명으로 알맞지 않은 것은 어느 것인가요? (   )

① 오늘날에는 이글루를 지을 필요가 없어졌다.

② 오늘날에는 주로 관광객이나 축제를 위해 짓는다.

③ 주변에서 쉽게 구할 수 있는 재료인 얼음으로 만들었다.

④ 사냥을 나갈 때 스노모빌과 셔틀버스를 이용하려고 지은 집이다.

⑤ 옛날에 사냥꾼들이 먼 거리로 사냥을 나갈 때 잠시 머물던 집이다.

다음 글을 읽고, 물음에 답해 봅시다.

사람들은 주로 주위에서 구하기 쉬운 재료를 이용하여 집을 짓습니다. 집의 모양은 지형과 기후 등의 영향을 받으며 사람들의 생활 방식과도 관련이 있습니다. 러시아의 추운 지방에서는 이즈바라고 불리는 ❶통나무집을 짓고 삽니다. 주변 숲에서 크고 튼튼한 나무를 쉽게 구할 수 있어서 그 나무를 ❷층층이 쌓아 올려 집을 지었습니다. 날씨가 덥고 비가 많이 내리는 파푸아 뉴기니에서는 나무 기둥을 세워 바닥을 땅으로부터 떨어지게 지은 고상 가옥을 볼 수 있습니다. 고상 가옥은 땅에서 올라오는 열기와 습기, 벌레나 짐승 등의 ❸침입을 막아 줍니다.

비가 적게 내리는 몽골은 농사를 짓기 어렵기 때문에 물과 풀을 찾아 이동하며 ❹가축을 기르는 유목 생활을 합니다. 이에 따라 이동할 때 쉽게 분해하고 조립할 수 있는 게르라는 이동식 집을 짓고 삽니다. 그리스에서는 ❺석회암과 ❻대리석을 구하기 쉬워 이것으로 집을 지었고, 강한 햇볕을 막기 위해 벽을 흰색으로 칠하였습니다. ❼화산 폭발이 있었던 터키에서는 화산 폭발로 만들어진 바위가 단단하지 않아서 바위의 속을 파서 동굴집을 지었습니다. 이처럼 각 나라의 기후, 지형 등의 자연환경과 생활 방식 등에 따라 집을 짓는 재료나 집의 모양이 다르게 나타납니다.

---

❶ **통나무**: 베어서 쪼개지 않은 통째로 된 둥근 나무.
❷ **층층이**: 여러 층으로 겹겹이 쌓인 모양.
❸ **침입**: 함부로 남의 나라나 집에 들어오는 것.
❹ **가축**: 집에서 기르는 짐승. 소, 말, 돼지, 닭, 개 따위를 통틀어 이르는 말.
❺ **석회암**: 탄산 칼슘을 주성분으로 하는 퇴적암.
❻ **대리석**: 석회암이 높은 온도와 센 압력을 받아 변경된 돌.
❼ **화산**: 땅 속에 있는 가스와 용암이 땅거죽을 뚫고 터져 나오는 것. 또는 그렇게 해서 생긴 산.

물 위에 있는 집, 수상 가옥

베트남이나 캄보디아처럼 날씨가 덥고 비가 많이 내리는 곳에서는 물 위에 집을 짓고 살기도 합니다. 물 위에 지은 집인 수상 가옥은 바람이 잘 통하도록 창을 많이 만들고, 지붕은 경사를 가파르게 해서 비가 빨리 흘러내리도록 합니다. 수상 가옥에 사는 사람들은 대부분 강이나 바다에서 고기를 잡으며 살아갑니다.

1 이 글의 중심 내용으로 알맞은 것은 어느 것인가요? ( )

① 더운 나라의 집 ② 추운 나라의 집 ③ 세계의 자연환경
④ 세계의 다양한 집 ⑤ 사람들의 다양한 생활 방식

2 고상 가옥에 대한 설명으로 옳은 것에는 ○표, 옳지 않은 것에는 ×표 하세요.

(1) 크고 튼튼한 통나무를 층층이 쌓아 올려 지었다. ( )
(2) 날씨가 덥고 비가 많이 내리는 지역에서 물 위에 지은 집이다. ( )
(3) 땅에서 올라오는 열기와 습기, 벌레나 짐승 등의 침입을 막아 준다. ( )

3 다음 밑줄 친 부분에 들어갈 내용으로 알맞은 것은 어느 것인가요? ( )

> 몽골은 농사를 짓기 어렵기 때문에 ___________ 하는 유목 생활을 한다. 이에 따라 이동할 때 쉽게 분해하고 조립할 수 있는 게르라는 이동식 집을 짓고 산다.

① 주변 숲에서 풍부한 목재를 생산 ② 바나나와 같은 열대 과일을 재배
③ 순록, 바다표범 등을 사냥하며 생활 ④ 가축을 기르며 물과 풀을 찾아 이동
⑤ 강이나 바다에서 고기를 잡으며 생활

4 터키에서 볼 수 있는 동굴집으로 알맞은 것을 골라 ○표 하세요.

( ) ( ) ( )

5 이 글에서 알 수 있는 내용이 아닌 것은 어느 것인가요? ( )

① 파푸아 뉴기니에서는 고상 가옥을 볼 수 있다.
② 러시아의 추운 지방에서는 이즈바를 짓고 산다.
③ 그리스에서는 석회암과 대리석으로 집을 짓기도 한다.
④ 집의 모양은 지형, 기후, 생활 방식 등에 영향을 받는다.
⑤ 이집트에서는 사막에서 구하기 쉬운 진흙으로 집을 짓는다.

하루 어휘

1 다음의 뜻을 가진 낱말을 보기 에서 찾아 쓰세요.

보기	가축	침입	통나무	화산

(1) 함부로 남의 나라나 집에 들어오는 것. ( )

(2) 베어서 쪼개지 않은 통째로 된 둥근 나무. ( )

(3) 집에서 기르는 짐승. 소, 말, 돼지 따위를 통틀어 이르는 말. ( )

(4) 땅 속에 있는 가스와 용암이 땅거죽을 뚫고 터져 나오는 것. 또는 그렇게 해서 생긴 산. ( )

2 다음 그림에 어울리는 촉감을 나타내는 말을 보기 에서 찾아 쓰세요.

보기	단단하다	따끔하다	폭신하다

(1) (2) (3)

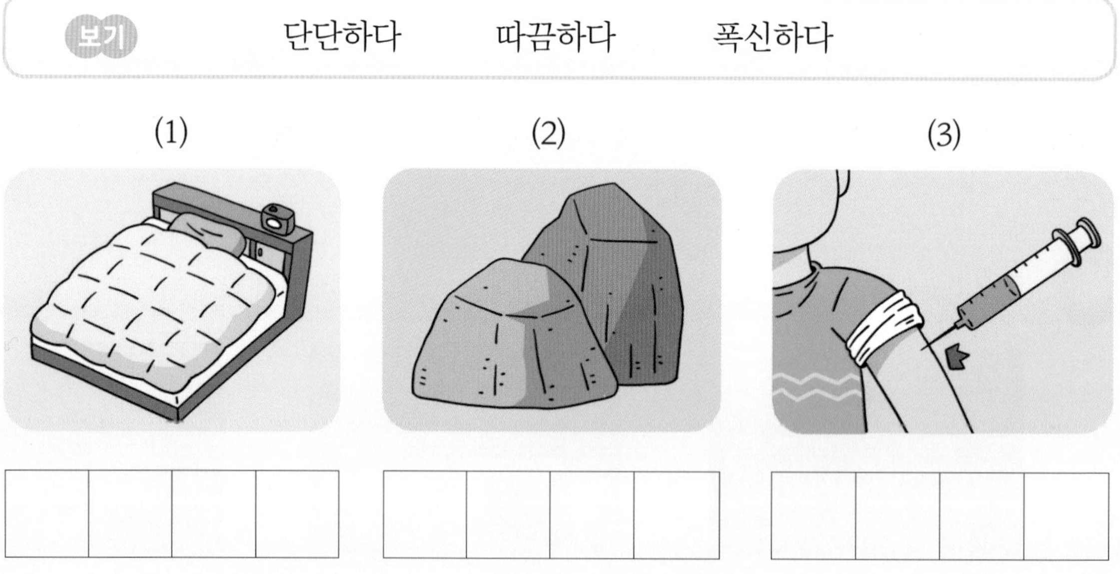

3 다음 빈칸에 들어갈 알맞은 낱말을 보기 에서 찾아 쓰세요.

보기	곰곰이	빽빽이

(1) 방법을 [ ] 생각하다.

(2) 책장에 동화책이 [ ] 꽂혀 있다.

신나는 퍼즐 퍼즐

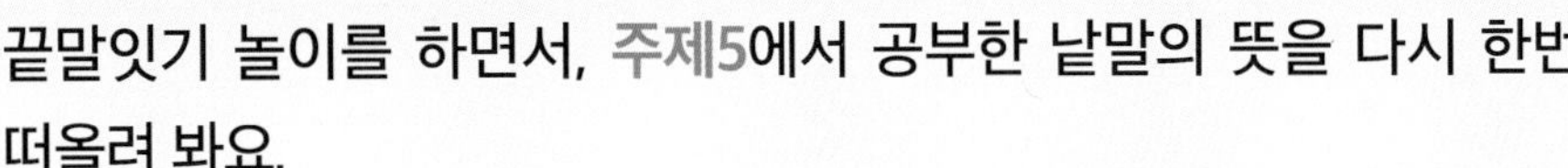

끝말잇기 놀이를 하면서, 주제5에서 공부한 낱말의 뜻을 다시 한번 떠올려 봐요.

세계에서 나라의 크기가 가장 큰 나라. → 옆이 트여 있는 긴 상의와 품이 넉넉한 바지가 특징인 베트남의 전통 복장. → 러시아의 추운 지방에서 통나무를 쌓아 올려 지은 집. →

세계에서 나라의 크기가 가장 작은 나라. → 나라의 역사. → 길고 넓은 한 장의 천으로 이루어진 인도의 전통 복장.

터키에서 화산 폭발로 만들어진 바위의 속을 파서 지은 집. → 한곳을 중심으로 하여 모임. → 우리나라의 서쪽에 있는 나라로, 젓가락 사용 문화를 우리나라에 전해 줌. → 한 나라를 상징하는 깃발.

→ 일본의 전통 의상을 통틀어 이르는 말. → 몸을 움직여 일을 함. 반대 휴식

신이나 절대적인 힘을 통하여 인간의 고민을 해결하고 삶의 근본 목적을 찾는 문화 체계. → 교 복 → 옷을 차려입은 모양. 비슷 옷차림 → 몸치장을 하는 데 쓰는 물건.

메모

메모

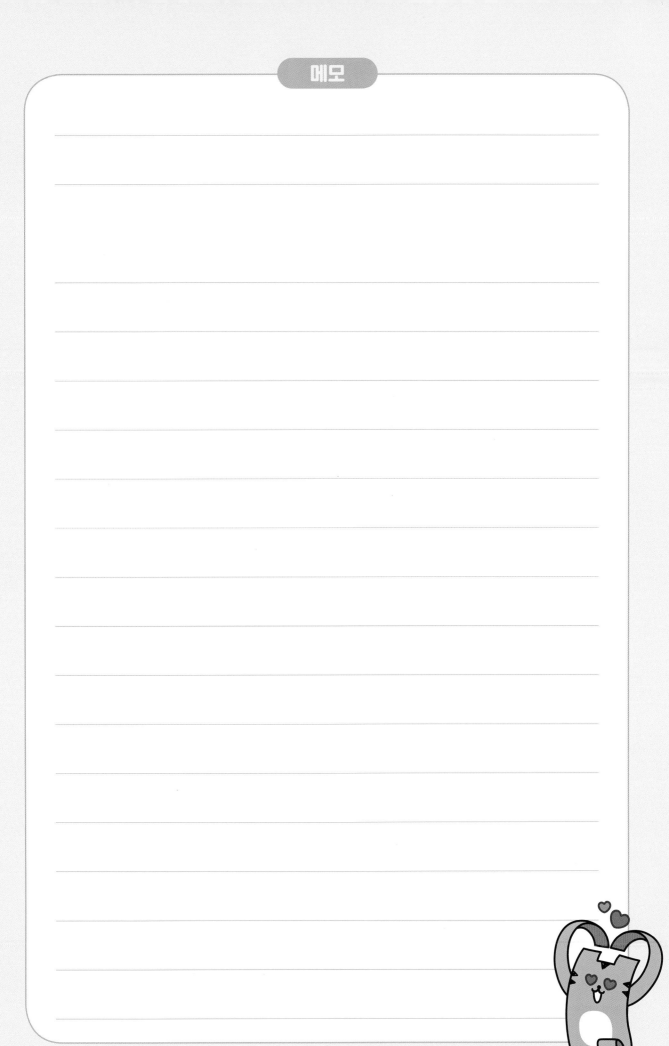

하루한장 앱은
이렇게 활용해요!

하루와 함께 잡는
바른 공부 습관
하루
한장

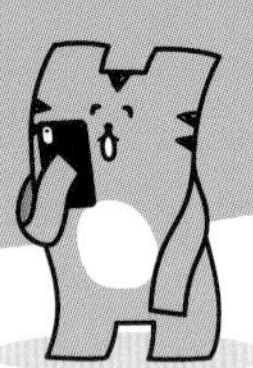

1 하루한장 앱 설치

먼저 교재 표지의 QR 코드를
찍어 하루한장 앱을 설치해요.

2 하루한장 앱 실행

교재를 등록한 후, 매일매일 학습을 끝내고
스마트폰으로 하루한장 앱을 열어요.

3 QR 코드 스캔

교재의 정답 확인
QR 코드를 찍어요.

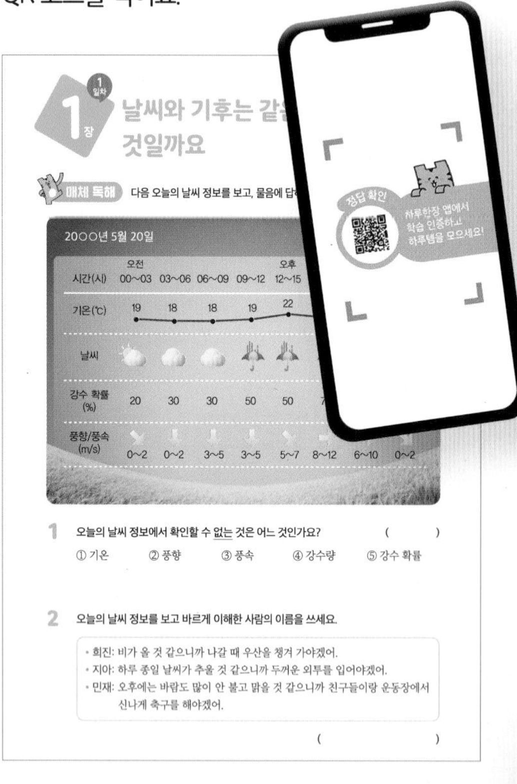

4 학습 인증

하루템을 모두 모아 골든티켓이 생기면
하루랜드에서 선물로 교환할 수 있어요.

학습 완료를 인증하고
하루템을 모아요.

공부력 강화 프로그램

공부력은 초등 시기에 갖춰야 하는 기본 학습 능력입니다.
공부력이 탄탄하면 언제든지 학습에서 두각을 나타낼 수 있습니다.
초등 교과서 발행사 미래엔의 공부력 강화 프로그램은
초등 시기에 다져야 하는 공부력 향상 교재입니다.

예비초등

한글 완성
초등학교 입학 전
한글 읽기·쓰기 동시에 끝내기 [총3책]

예비 초등
자신있는 초등학교 입학 준비!
[국어, 수학, 통합교과, 학교생활 총4책]

독해 시작편
초등학교 입학 전 독해 시작하기
[총2책]

독해
교과서 단계에 맞춰 학기별
읽기 전략 공략하기 [총12책]

비문학 독해 사회편
사회 영역의 배경 지식을 키우고,
비문학 읽기 전략 공략하기 [총6책]

비문학 독해 과학편
과학 영역의 배경 지식을 키우고,
비문학 읽기 전략 공략하기 [총6책]

쏙셈 시작편
초등학교 입학 전 연산 시작하기
[총2책]

쏙셈
교과서에 따른 수·연산·도형·측정까지
계산력 향상하기 [총12책]

창의력 쏙셈
문장제 문제부터 창의·사고력 문제까지
수학 역량 키우기 [총12책]

쏙셈 분수/소수
3~6학년 분수/소수의 개념과 연산 원리를
집중 훈련하기 [분수2책, 소수 2책]

알파벳 쓰기
알파벳을 보고 듣고 따라 쓰며 읽기·쓰기
한 번에 끝내기 [총1책]

파닉스
알파벳의 정확한 소릿값을 익히며
영단어 읽기 [총2책]

사이트 워드
192개 사이트 워드 학습으로
리딩 자신감 쑥쑥 키우기 [총2책]

영단어
학년별 필수 영단어를 다양한
활동으로 공략하기 [총4책]

영문법
예문과 다양한 활동으로
영문법 기초 다지기 [총4책]

교과서 한자 어휘도 익히고
급수 시험까지 대비하기
[총12책]

큰별쌤의 명쾌한 강의와 풍부한 시각
자료로 역사의 흐름과 사건을 이미지
로 기억하기 [총3책]

바른답 · 알찬풀이

주제 1 계절마다 다른 날씨

날씨와 기후는 같은 것일까요

매체 독해 • 9쪽

★ **어떤 매체 자료일까요?**

오늘의 날씨 정보를 알려 주는 기상 예보 화면입니다. 시간별 기온, 날씨, 강수 확률, 풍향과 풍속을 확인할 수 있습니다.

1 ④
2 희진

1 제시된 자료에서는 시간별 기온, 날씨, 강수 확률, 풍향과 풍속만 확인할 수 있습니다.

2 날씨에서 우산 표시가 있는 것으로 보아 09시 이후부터 비가 올 것을 예상할 수 있습니다.

글 독해 • 10~11쪽

★ **어떤 글일까요?**

날씨와 기후가 무엇인지, 날씨와 기후는 어떤 점이 다른지를 설명한 글입니다.

★ **문단 요약**

1문단	날씨의 의미
2문단	기후의 의미와 날씨와의 차이점
3문단	기후를 구성하는 요소

1 ②
2 (선 잇기)
3 ㉢
4 기후 요소
5 기온, 바람, 강수량

1 이 글의 중심 내용은 날씨와 기후입니다. 날씨와 기후 각각의 의미와 둘의 차이점에 대해 설명하고 있습니다.

2 '날씨'는 그날그날의 기온, 강수, 바람 따위가 나타나는 대기 상태를 말하고, '기후'는 어떤 지역에서 오랫동안 날씨 변화를 관찰하여 평균을 낸 것을 말합니다.

3 ㉠ 날씨, 기온, 기후는 모두 다른 뜻을 가지고 있습니다. ㉡ 기후는 날씨만큼 자주 변하지는 않지만, 전혀 변하지 않는 것은 아닙니다. ㉣ 날씨가 아니라 기후에 대한 설명입니다.

4 기후에 영향을 미치는 기온, 강수량, 바람 등의 요소를 통틀어 기후 요소라고 합니다.

5 기후에 영향을 미치는 요소 중 기온, 강수량, 바람의 세 가지를 기후의 3요소라고 합니다.

하루 어휘 • 12쪽

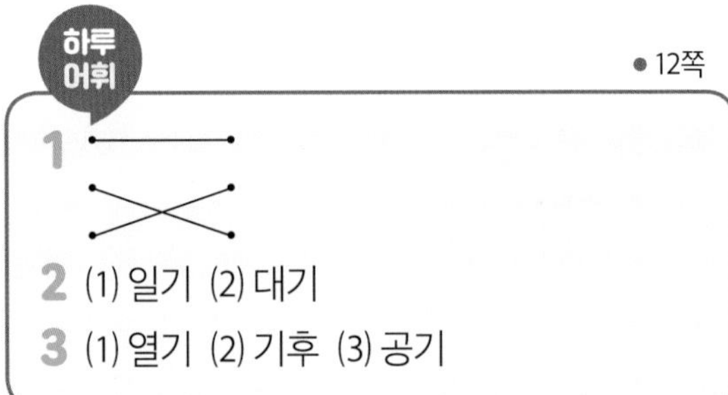

1 (선 잇기)
2 (1) 일기 (2) 대기
3 (1) 열기 (2) 기후 (3) 공기

2 (1) 첫 번째 '일기'는 '날마다 그날그날 겪은 일이나 생각, 느낌 따위를 적는 개인의 기록'이고, 두 번째 '일기'는 '그날그날의 비, 구름, 바람, 기온 따위가 나타나는 기상 상태'입니다.
(2) 첫 번째 '대기'는 '지구를 둘러싸고 있는 모든 공기'이고, 두 번째 '대기'는 '때나 기회를 기다림'이라는 뜻입니다.

2장 우리나라의 봄

2일차

매체 독해

• 13쪽

★ 어떤 매체 자료일까요?

황사와 미세 먼지의 차이점에 대해 알려 주는 뉴스 화면입니다.

1 ③
2 ③

1 뉴스를 전한 날이 3월 15일이므로 중국에서 황사가 불어오는 날(내일)은 3월 16일입니다.

2 ③ 황사와 미세 먼지 모두 대기를 탁하게 만들고 사람들의 건강을 해친다고 하였습니다.

글 독해

• 14~15쪽

★ 어떤 글일까요?

봄 날씨의 특징 중 꽃샘추위, 아지랑이, 황사, 큰 일교차에 대해 자세히 설명한 글입니다.

★ 문단 요약

1문단	봄 날씨의 특징
2문단	봄 날씨의 특징 ① - 꽃샘추위, 아지랑이
3문단	봄 날씨의 특징 ② - 황사
4문단	봄 날씨의 특징 ③ - 큰 일교차

1 ④
2 한솔
3 황사
4 ③
5 ㉠ 뚫고, ㉡ 피어올라

1 이 글은 '봄 날씨'에 대해 설명하는 글입니다. 봄에는 따뜻하다가 다시 추워지기도 하고 비가 내리기도 하는 등 다른 계절에 비하여 날씨 변화가 비교적 심합니다.

2 4문단에서 봄에는 일교차가 커서 하루 동안에도 기온의 변화가 크게 나타난다고 하였습니다.

3 봄의 불청객으로 불리는 황사에 대한 설명입니다.

4 4문단에서 봄에는 하루 중 가장 높은 기온과 가장 낮은 기온의 차이가 크기 때문에 감기에 걸리지 않으려면 외출할 때 얇은 외투를 챙기는 것이 좋다고 하였습니다.

5 ㉠은 '구멍을 내다.'라는 뜻의 '뚫고'로 쓰고, ㉡은 '꽃봉오리 따위가 맺혀 막 벌어지려고 하다.'라는 뜻의 '피어올라'로 써야 합니다.

하루 어휘

• 16쪽

1 (1) 공중 (2) 불청객 (3) 일교차
2 (1) 얇다 (2) 뜨다 (3) 늦다
3 (1) 한 (2) 적

3 (1) 어떤 낱말의 앞에 붙는 '한-'은 '정확한' 또는 '한창인'의 뜻을 더해 줍니다. 따라서 '한가운데'는 정확하게 가운데인 것을 나타냅니다.
(2) 어떤 낱말의 뒤에 붙는 '-적'은 '그 성격을 띠는', '그에 관계된', '그 상태로 된'의 뜻을 더해 줍니다. 따라서 '감동적'은 감동을 받은 상태가 되었다는 뜻을 나타냅니다.

여름에 비가 많이 오는 우리나라

매체 독해

• 17쪽

★ 어떤 매체 자료일까요?

태풍이 발생하였을 때 어떻게 행동해야 하는지를 알려 주는 포스터입니다. 이러한 행동 요령을 미리 알고 있으면 태풍이 발생했을 때 피해를 줄일 수 있습니다.

1 ③
2 (1) × (2) ○ (3) ○

1 위 포스터에서는 태풍이 왔을 때 어떻게 행동해야 하는지 알려 주고 있습니다.

2 (1) 포스터에서 태풍 발생 시 필요한 비상용품은 미리 준비하고 되도록 외출은 자제해야 한다고 하였습니다.

글 독해

• 18~19쪽

★ 어떤 글일까요?

여름 날씨의 특징적인 기후 현상인 장마와 태풍에 대해 자세히 설명한 글입니다.

★ 문단 요약

1문단	여름 날씨의 특징
2문단	여름 날씨의 특징 ① - 장마
3문단	여름 날씨의 특징 ② - 태풍

1 ②
2 (1) 찜통 (2) 불볕
3 (1) × (2) ○ (3) ○
4 ③
5

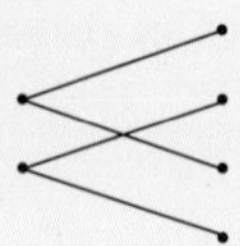

1 이 글은 여름 날씨의 특징인 장마와 태풍에 대해 자세히 설명하고 있습니다.

2 1문단에서 여름철의 더위를 '찜통더위'와 '불볕더위'라고 한다고 하였습니다.

3 (1) 장마를 부르는 이름은 나라마다 달라서 중국에서는 메이유, 일본에서는 바이우라고 부릅니다.

4 ③ 태풍은 8월을 중심으로 7월과 9월 사이에 발생한다고 하였습니다.

5 장마는 주로 6~7월에 여러 날 동안 계속 비가 내리는 날씨를 말하고, 태풍은 7~9월에 강한 바람과 함께 큰비를 내리는 열대 저기압을 말합니다.

하루 어휘

• 20쪽

1 (1) 저기압 (2) 기단 (3) 열대 (4) 적도
2 (1) 덮다 (2) 덥다
3 (1) 홍수 (2) 폭염

3 '홍수'는 '비가 많이 내려 하천이 흘러넘쳐 주변의 도로나 건물 등이 물에 잠기는 것'이라는 뜻이고, '폭염'은 '매우 심한 더위'라는 뜻입니다.

4장 가을 방학은 왜 없나요

매체 독해
• 21쪽

★ 어떤 매체 자료일까요?

우리나라 주요 산의 가을 단풍 시기를 예측한 지도입니다. 대부분의 지역에서 10월에 단풍이 물들 것으로 예측하고 있습니다.

1 (1) 10월 (2) 상황봉 (3) 늦게
2 축령산, 속리산, 금원산

1 제시된 단풍 예측 지도를 보고 해석하는 문제입니다.

2 단풍 예측 지도에서 단풍 예측 날짜가 10월 21일인 산은 축령산, 속리산, 금원산입니다.

글 독해
• 22~23쪽

★ 어떤 글일까요?

가을 날씨의 특징인 큰 일교차와 서리, 단풍 현상에 대해 설명한 글입니다.

★ 문단 요약

1문단 가을 날씨의 특징
2문단 가을의 큰 일교차, 서리
3문단 가을의 단풍

1 ④
2 산책하기, 공부하기, 책 읽기, 운동하기
3 서연
4 단풍
5 ③

1 ④ 2문단에서 늦가을이 되면 일교차가 더욱 커진다고 하였습니다.

2 맑은 날씨가 이어지는 가을은 독서, 공부, 운동, 산책을 하기에 좋다고 하였습니다.

3 1문단에서 가을은 여름처럼 너무 덥거나 겨울처럼 너무 춥지 않으며, 날씨가 맑고 선선해서 공부하기에 좋은 계절이기 때문에 방학이 없다고 하였습니다.

4 단풍은 녹색이었던 식물의 잎이 빨간색, 노란색, 갈색 등으로 변하는 것을 말합니다.

5 ③ 단풍은 나뭇잎 속에 있던 엽록소의 양이 줄어들어서 생깁니다.

하루 어휘
• 24쪽

1 (1) 서리 (2) 선선하다 (3) 쾌적하다 (4) 색소
2 (1) 알록달록 (2) 살랑살랑
3 (1) ① (2) ②

2 (1) '알록달록'은 '여러 가지 밝은 빛깔의 점이나 줄 따위가 조금 성기고 고르지 아니하게 무늬를 이룬 모양'을 나타내는 말이고, '울퉁불퉁'은 '물체의 거죽이나 면이 고르지 않게 여기저기 몹시 나오고 들어간 모양'을 나타내는 말입니다.
(2) '두근두근'은 '몹시 놀라거나 불안하여 자꾸 가슴이 뛰는 소리. 또는 그 모양'을 나타내는 말이고, '살랑살랑'은 '바람이 가볍게 자꾸 부는 모양'을 나타내는 말입니다.

우리나라의 겨울에 눈이 많이 오는 곳

매체 독해

• 25쪽

★ 어떤 매체 자료일까요?

「겨울 바람」이라는 동요의 악보입니다. 「겨울 바람」은 손발이 꽁꽁 얼 정도로 추운 겨울을 노래한 동요입니다.

1 ⑤

2 지훈, 수지

1 손발이 꽁꽁 얼 정도로 추운 겨울을 노래한 동요이므로, '얄밉다'는 표현이 적절합니다.

2 추운 겨울에 알맞은 옷차림으로는 귀마개, 두꺼운 외투, 장갑, 장화 등이 적당합니다.

글 독해

• 26~27쪽

★ 어떤 글일까요?

겨울 날씨의 특징을 설명하고, 지역별 강설량 차이, 겨울철 옷차림을 알려 주는 글입니다.

★ 문단 요약

1문단	겨울 날씨의 특징
2문단	지역별 강설량 차이
3문단	겨울철 사람들의 옷차림

1 (1) ○ (2) × (3) ○

2 삼한 사온

3 (1) 울릉도 (2) 짧고, 낮아

4 ③

5 ④

1 (2) 겨울은 사계절 중 강수량이 가장 적고 강수의 대부분이 눈으로 내립니다.

2 추위가 심한 날과 덜한 날이 번갈아 가며 나타나는 겨울철 기온 변화 현상을 '삼한 사온'이라고 합니다.

3 (2) 우리나라는 지역에 따라 강설량의 차이가 큽니다. 특히 울릉도, 호남 지방, 영동 지방 등은 겨울철에 눈이 많이 내립니다.

4 ③ 겨울 기온은 변화가 매우 심한 편입니다.

5 기온이 낮아 춥고 눈이 내리는 겨울에는 두꺼운 옷, 장갑, 목도리, 장화 등을 착용합니다.

하루 어휘

• 28쪽

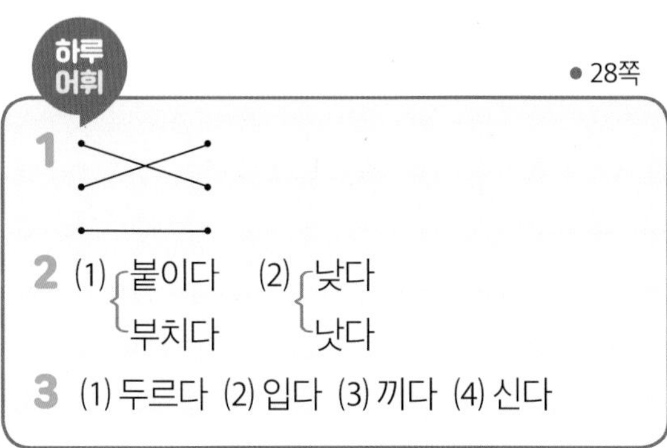

1

2 (1) 붙이다 / 부치다 (2) 낮다 / 낫다

3 (1) 두르다 (2) 입다 (3) 끼다 (4) 신다

신나는 퍼즐 퍼즐

• 29쪽

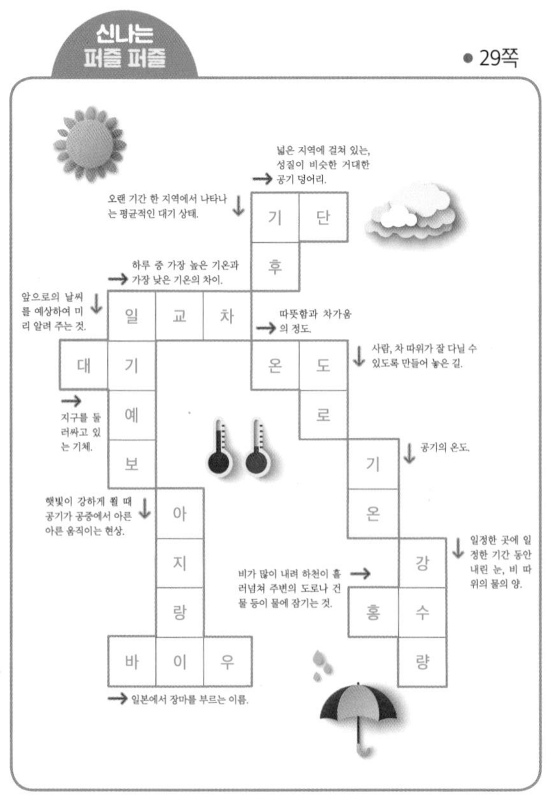

1장 내가 자라 온 과정

매체 독해 • 31쪽

★ **어떤 매체 자료일까요?**

하루의 성장 흐름표입니다. 하루가 1세부터 9세까지 어떻게 성장하였는지 그 과정을 살펴볼 수 있습니다.

1 ②
2 (1) ○ (2) × (3) ○ (4) ○

1 하루의 성장 흐름표를 보면, 6세에 태권도를 배우기 시작하였음을 알 수 있습니다.

2 (2) 동생을 잘 돌보아 준 것은 7세입니다.

글 독해 • 32~33쪽

★ **어떤 글일까요?**

인간의 성장을 설명하면서 성장 발달 과정에서 겪게 되는 자아 정체감의 형성에 대해 알려 주는 글입니다.

★ **문단 요약**

1문단	인간의 성장
2문단	자아 정체감의 의미와 중요성

1 ⑤
2 (선 잇기)
3 자아 정체감
4 수정
5 (1) × (2) ○ (3) ○

1 이 글은 한 사람이 태어나서 어른으로 성장해 가는 발달 과정에 대해 이야기하고 있으므로 중심 내용은 '나의 성장과 발달'이 가장 알맞습니다.

2 1문단에서 성장하면서 겪게 되는 신체적, 정신적, 사회적 변화를 설명하고 있습니다.

3 자아 정체감에 대한 설명입니다.

4 자기가 어떤 것을 잘하고 좋아하는지를 알고, 진로를 스스로 결정하는 등 자아 정체감을 잘 성취한 친구는 수정입니다.

5 (1) 성장은 누구나 경험하는 것이지만, 그 시기와 속도에는 차이가 있을 수 있다고 하였습니다.

하루 어휘 • 34쪽

1 (1) 진로 (2) 취향 (3) 가치관
2 (1) 얕다 (2) 알다 (3) 줄어들다 (4) 내려가다
3 (1) 성장 (2) 성취

2 (1) '깊다'와 반대의 뜻을 가진 말은 '얕다'이고, (2) '모르다'와 반대의 뜻을 가진 말은 '알다'이고, (3) '늘어나다'와 반대의 뜻을 가진 말은 '줄어들다'이고, (4) '올라가다'와 반대의 뜻을 가진 말은 '내려가다'입니다.

우리는 사회를 떠나 살 수 있을까요

매체 독해

• 35쪽

★ 어떤 매체 자료일까요?

사회화의 과정을 겪지 못한 소녀의 이야기가 실린 신문 기사입니다. 사회화의 중요성에 대해 이야기하고 있습니다.

1 한 무리의 개에 의해 양육되었다. / 베로니카의 유일한 혈육은 할머니이다.

2 사회화

1 베로니카는 러시아에서 발견된 여섯 살짜리 소녀로 유일한 혈육이었던 할머니의 집 뒷마당에서 개와 함께 자랐다고 하였습니다.

2 인간은 다른 사람들과 관계를 맺고 사회 속에서 살아가기 위해 언어, 지식, 행동 양식, 규범 따위를 배우게 되는데, 이러한 과정을 '사회화'라고 합니다.

글 독해

• 36~37쪽

★ 어떤 글일까요?

사회와 사회화의 뜻, 사회화가 개인과 사회에 미치는 영향에 대해 설명하는 글입니다.

★ 문단 요약

- 1문단 사회의 뜻
- 2문단 사회화의 뜻
- 3문단 사회화의 역할

1 사회
2 ①
3 사회화
4 소속감
5 (1) ○ (2) × (3) ○

1 가정, 학급, 학교, 국가, 세계를 포괄하는 이 글의 중심 낱말은 '사회'입니다.

2 ① 사람은 혼자서는 살아갈 수 없기 때문에 다양한 사회에 속하여 살아갑니다.

3 개인이 자신이 속한 사회에서 사회적 행동을 배우는 과정을 사회화라고 하였습니다.

4 사람들은 사회화를 통해 자신이 속한 사회에 소속감을 느낍니다. '소속감'은 '자신이 어떤 집단에 속해 있다는 느낌'을 말합니다.

5 (2) 사회화 과정에서 개인의 개성과 정체성이 만들어지는데, 어느 사회에서 사회화되었느냐에 따라 그 사람의 특성이 달라지기도 합니다.

하루 어휘

• 38쪽

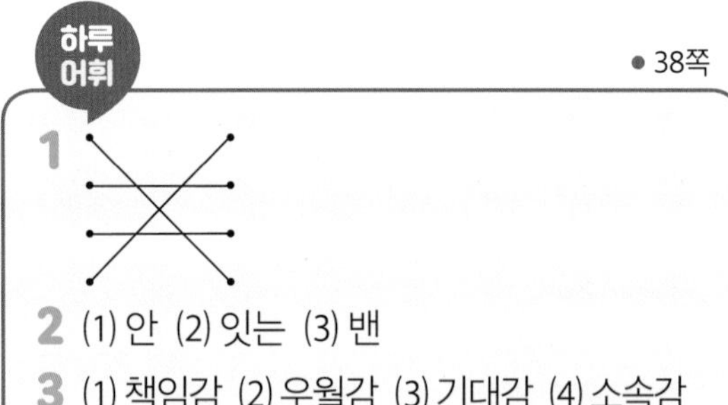

2 (1) 안 (2) 잇는 (3) 밴
3 (1) 책임감 (2) 우월감 (3) 기대감 (4) 소속감

2 (1) '안'은 '아니'가 줄어든 말이고, '않(다)'는 '아니하(다)'가 줄어든 말입니다.
(3) '배다'는 '냄새가 스며들어 오래도록 남아 있다.'의 뜻이고, '베다'는 '날이 있는 연장 따위로 무엇을 끊거나 자르거나 가르다.'라는 뜻의 말입니다.

3장 8일차 나의 희망 직업

매체 독해 • 39쪽

★ **어떤 매체 자료일까요?**

옛날과 오늘날의 직업 체험을 알리는 포스터입니다. 옛날과 오늘날의 다양한 직업을 살펴볼 수 있습니다.

1 옛날의 직업: 뱃사공, 전화 교환원, 물장수
오늘날의 직업: 컴퓨터 그래픽 디자이너, 유전 공학자, 영화 분장사

1 나룻배로 사람이나 짐을 옮겨 주는 뱃사공, 전화를 연결해 주는 전화 교환원, 샘에서 물을 길어다 파는 물장수는 오늘날에는 사라진 옛날의 직업입니다.

글 독해 • 40~41쪽

★ **어떤 글일까요?**

직업의 의미와 필요성을 설명하고, 직업의 변화와 미래 유망 직종을 통해 다양한 직업의 세계를 알려 주는 글입니다.

★ **문단 요약**

1문단 직업의 의미와 필요성

2문단 다양한 직업

3문단 미래의 유망 직종

1 ②
2 ㉡, ㉣
3 (1) 새 (2) 사
4 드론, 로봇, 3D프린터, 인공 지능
5 ⑤

1 이 글의 중심 낱말은 '직업'으로, 직업의 의미와 필요성, 다양한 직업, 미래의 유망 직종에 대해 이야기하였습니다.

2 직업을 선택할 때에는 자신의 적성과 능력을 고려해야 합니다.

3 (1) 오늘날에는 유튜브에 동영상을 만들어 올려 소득을 얻는 유튜버라는 직업이 새로 생겼습니다.
(2) 전화 교환원은 처음 전화가 생겼을 때 전화를 연결해 주던 사람으로, 오늘날에는 자동식 전화로 바뀌면서 사라졌습니다.

4 3문단에서 드론, 로봇, 인공 지능, 빅 데이터, 3D프린터와 관련된 직업들이 미래의 유망 직종이라고 하였습니다.

5 ⑤ 사람들은 직업을 통해 자아실현을 할 수도 있고, 사회에 이바지하며 봉사를 할 수도 있습니다.

하루 어휘 • 42쪽

1 (1) 직종 (2) 소득 (3) 적성 (4) 자아실현
2 (1) 로봇 (2) 케이크 (3) 주스
3 (X자 연결)

4장 저축을 해 보아요

9일차

매체 독해 • 43쪽

★ **어떤 매체 자료일까요?**

용돈 기입장을 적는 모습입니다. 돈을 받거나 사용한 날짜, 금액과 그 내용, 남은 돈의 액수 등이 적혀 있습니다.

1 (1) ○ (2) × (3) ○ (4) ×
2 떡볶이, 지우개, 초콜릿

1 (2) 2월 12일에는 지우개를 산 후 9,500원이 남았고, (4) 2월 17일에는 떡볶이를 사 먹는 데 1,500원을 썼고 남은 용돈은 27,300원입니다.

2 용돈 기입장에서 나간 돈이 있는 내용을 보면 지우개, 초콜릿, 떡볶이를 산 것을 알 수 있습니다.

글 독해 • 44~45쪽

★ **어떤 글일까요?**

소비와 저축의 의미와 소비와 저축의 필요성에 대해 설명하는 글입니다.

★ **문단 요약**

1문단	소비와 저축의 의미
2문단	소비의 필요성
3문단	저축의 필요성

1 소비
2 (1) ○ (2) × (3) ○
3 ○ ☐ ○
4 ⑤
5 ⑤

1 살아가는 데 필요한 것을 사기 위해 돈을 쓰는 것은 소비라고 하였습니다.

2 (2) 소비는 우리가 살아가는 데 꼭 필요한 활동입니다.

3 저축은 급하게 많은 돈이 필요할 때를 대비하거나 미래에 하고 싶은 것을 하기 위해 필요합니다.

4 제시된 용돈 기입장에서 돈을 받거나 사용한 내용은 나와 있지 않습니다.

5 ⑤ 저축은 가지고 있는 돈 중 일부를 쓰지 않고 모아 두는 것을 말합니다.

하루 어휘 • 46쪽

1 (1) 용돈 (2) 목돈 (3) 이자
2 (1) 빌리다 (2) 꾸리다 (3) 세우다
3 (1) ① (2) ②

2 (1) '빌리다'는 '남의 물건이나 돈 따위를 나중에 도로 돌려주거나 대가를 갚기로 하고 얼마 동안 쓰다.'라는 뜻입니다.
(2) '꾸리다'는 '일을 추진하여 처리해 나가거나, 생활을 규모 있게 이끌어 나가다.'라는 뜻입니다.
(3) '세우다'는 '계획, 방안 따위를 정하거나 짜다.'라는 뜻입니다.

5장 10일차 정보화와 우리 생활

매체 독해
● 47쪽

★ **어떤 매체 자료일까요?**

인터넷 공간에서는 올바른 언어를 사용해야 한다고 알리는 공익 광고입니다.

1 교정
2 ④

1 이 광고에서 '교정'이라는 표현은 잘못된 인터넷 언어를 바로잡자는 의미입니다.

2 이 광고는 인터넷 공간에서 올바른 언어를 사용하고, 서로 예의를 지키자는 내용을 담고 있습니다.

글 독해
● 48~49쪽

★ **어떤 글일까요?**

정보화와 정보 사회의 의미를 알아보고 이로 인해 달라진 생활 모습, 정보 사회의 문제점과 해결 방법을 설명한 글입니다.

★ **문단 요약**

1문단	정보화와 정보 사회의 의미
2문단	정보화로 달라진 생활 모습
3문단	정보 사회의 문제점과 해결 방법

1 정보
2 (1) × (2) ○ (3) ○
3 슬아
4 ㉠
5 ④

1 정보화와 정보 사회는 '정보'가 중요한 자원입니다.

2 (1) 정보화로 인터넷을 이용해 가게에 직접 가지 않아도 쉽게 물건을 살 수 있게 되었습니다.

3 슬아는 인터넷 게임에 빠져서 해야 할 일을 제대로 못 해내고 있습니다.

4 ㉡ 인터넷에 올라온 다른 사람의 자료는 허락 없이 함부로 사용하거나 내려받으면 안 됩니다. ㉢ 자신과 다른 사람의 개인 정보를 모두 소중히 보호해야 합니다.

5 ④ 3문단에서 정보 사회의 급격한 발전은 우리 생활을 편리하게 만들어 주었다고 하였습니다.

하루 어휘
● 50쪽

1
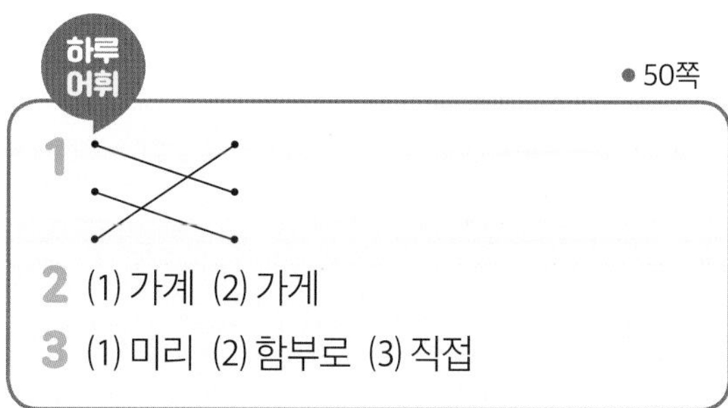

2 (1) 가계 (2) 가게
3 (1) 미리 (2) 함부로 (3) 직접

3 (1) '미리'는 '어떤 일이 생기기 전에, 또는 어떤 일을 하기에 앞서'라는 뜻입니다.
(2) '함부로'는 '조심하거나 깊이 생각하지 않고 마음 내키는 대로 마구'라는 뜻입니다.
(3) '직접'은 '중간에 아무것도 끼어들지 않고 바로'라는 뜻입니다.

신나는 퍼즐 퍼즐
● 51쪽

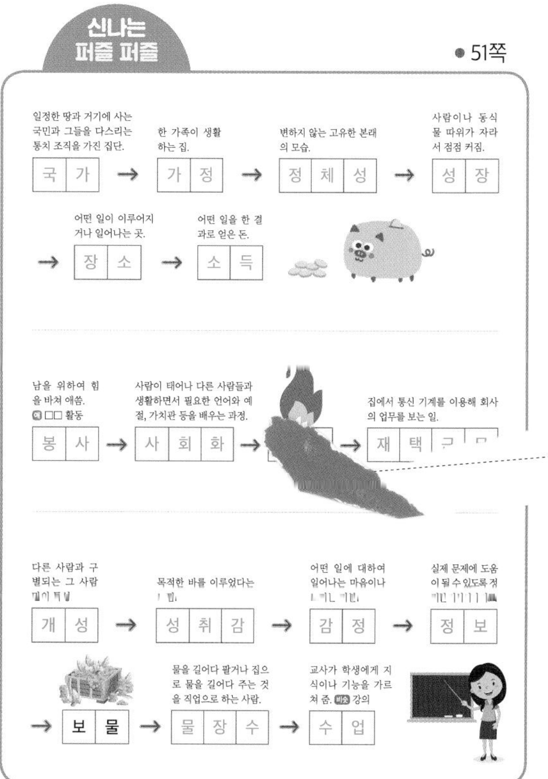

주제3 소중한 가족

가족의 소중함을 알아보아요

매체 독해 • 53쪽

★ **어떤 매체 자료일까요?**

솔이의 블로그 글입니다. 솔이는 동생이 태어난 날에 있었던 일들을 적었습니다.

1 솔이의 동생이 태어난 날이기 때문에
2 (1) × (2) ○ (3) ×

1 솔이의 동생이 태어나는 날이라서 가족 모두 병원에 있었다고 하였습니다.

2 (1) 오늘 태어난 솔이의 동생은 여자아이입니다.
(3) 솔이에게 공공장소에서 뛰면 안 된다고 알려 주신 분은 할머니입니다.

글 독해 • 54~55쪽

★ **어떤 글일까요?**

가족의 의미를 설명하고 가족의 다양한 기능과 사회와 시대에 따른 가족 기능의 변화를 설명한 글입니다.

★ **문단 요약**

1문단	가족의 의미
2문단	가족의 다양한 기능
3문단	가족 기능의 변화

1 ①
2 ③
3 ☐ ○ ☐
4 입양
5 ③, ④

1 이 글은 가족의 의미와 가족의 기능을 설명하는 글입니다.

2 ③ 3문단에서 가족의 기능은 사회나 시대에 따라 다양하게 나타나고 끊임없이 변화하고 있다고 하였습니다.

3 가족은 구성원들이 피로를 회복하고 쉴 수 있도록 돕는 휴식의 기능이 있습니다.

4 오늘날에는 아이를 낳지 않거나 아이를 입양하는 사람들이 늘어나서 출산의 기능이 약해졌습니다.

5 옛날에는 노인을 부양하는 기능을 가족이 담당했지만, 오늘날에는 양로원, 요양원 등이 이를 대신하고 있습니다.

하루 어휘 • 56쪽

1 (1) 수행하다 (2) 부양하다
(3) 양로원 (4) 요양원
2 (1) 교육 (2) 보육
3 (1) 낳다 (2) 가르치다

3 (2) '가리키다'는 '손가락 따위로 어떤 방향이나 대상을 집어서 보이거나 말하거나 알리다.'라는 뜻이고, '가르치다'는 '지식이나 기능, 이치 따위를 깨닫게 하거나 익히게 하다.'라는 뜻입니다.

가족 구성원의 역할은 어떻게 변했을까요

매체 독해

• 57쪽

★ 어떤 매체 자료일까요?

우리나라의 시대별 인구 정책 포스터입니다. 시대별로 인구수의 변화에 따라 어떤 인구 정책을 펼쳐왔는지 살펴볼 수 있습니다.

1 ④
2 (1) 둘 (2) 많아져서 (3) 많이

1 제시된 포스터에 아이 혹은 출산에 대한 내용이 모두 있는 것으로 보아 '인구'와 관련된 정책 포스터임을 알 수 있습니다.

2 우리나라의 인구 변화에 따른 인구 정책 포스터 내용을 잘 이해했는지 묻는 문제입니다. 1970~1990년대에는 아이를 적게 낳을 것을 권장했고, 2000년대 이후로는 아이를 많이 낳을 것을 권장하고 있습니다.

글 독해

• 58~59쪽

★ 어떤 글일까요?

가족 형태의 변화와 이로 인한 가족 구성원의 역할 변화에 대해 설명하고 바람직한 가족 구성원의 역할을 제시한 글입니다.

★ 문단 요약

1문단	가족 형태의 변화
2문단	가족 구성원의 역할 변화
3문단	바람직한 가족 구성원의 역할

1 핵가족
2 (1) × (2) ○ (3) ×
3 가족 구성원의 자율성
4 여준
5 ④

1 옛날에는 확대 가족이 더 많았고, 오늘날에는 핵가족이 더 많습니다.

2 요즘에는 결혼하지 않고 혼자 사는 사람이 늘어나고, 결혼을 늦게 하거나 결혼을 해도 아이를 갖지 않는 가정도 늘어나면서 가족 구성원의 수에도 변화가 나타났습니다. 이에 따라 1인 가구나 2인 가구도 늘어나고 있습니다.

3 2문단에서 옛날에는 가족 내 규율이 중요한 가부장제였지만, 요즘은 평등한 가족의 역할이 강조되면서 가족 구성원 각자의 자율성을 강조한다고 하였습니다.

4 가족 구성원 간에 평등한 관계를 만들기 위해서는 가정의 중요한 일은 가족회의를 통해 부모와 자녀가 함께 결정하고, 집안일은 모든 가족이 각자 할 수 있는 일을 나눠서 해야 합니다. 아버지와 어머니의 역할이 따로 정해져 있는 것은 아닙니다.

5 ①은 이 글에서 찾아볼 수 없는 내용입니다. ② 사회의 변화는 가족 형태의 변화에 영향을 미치고, ③ 요즘은 남녀 간 평등을 추구하는 수평적 관계로 변화하고 있으며, ⑤ 가족 내의 엄격한 규율은 옛날에 볼 수 있던 모습으로, 불평등한 모습입니다.

하루 어휘

• 60쪽

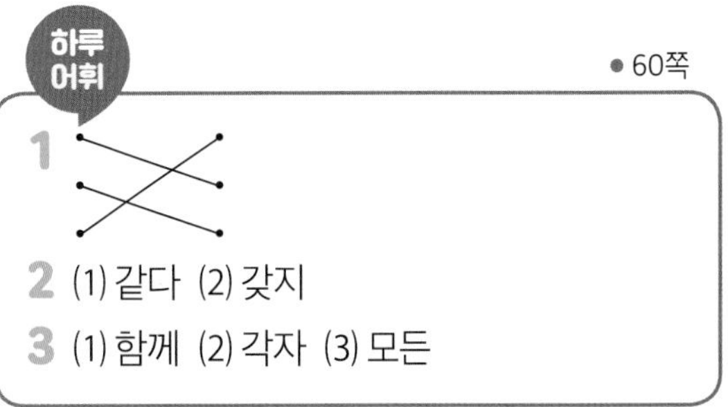

2 (1) 같다 (2) 갖지
3 (1) 함께 (2) 각자 (3) 모든

2 '갖다'는 '생각, 태도, 사상 따위를 마음에 품다.'라는 뜻의 '가지다'가 줄어든 말입니다.

3장 내가 할 수 있는 집안일

매체 독해

• 61쪽

★ 어떤 매체 자료일까요?

가족들이 집안일에 대해 대화하는 내용입니다. 가족들이 모두 집안일을 나누어서 하고 있습니다.

1 ③
2 ㉢, ㉣

1 '개키다'는 옷이나 이부자리 따위를 겹치거나 접어서 단정하게 포개는 것을 말합니다. 따라서 ㉠에 들어갈 말은 '개켜서'가 알맞습니다.

2 가족들의 대화에서 부모님뿐만 아니라 아이들도 자신이 할 수 있는 집안일을 찾아서 하고 있다는 것을 알 수 있습니다. 또한, 준하는 재활용품 분리 배출을 하기로 했습니다.

글 독해

• 62~63쪽

★ 어떤 글일까요?

집안일의 의미와 집안일을 분담해야 하는 까닭을 설명하고, 우리가 할 수 있는 집안일의 종류를 제시한 글입니다.

★ 문단 요약

1문단	집안일의 의미와 분담의 필요성
2문단	우리가 할 수 있는 집안일

1 집안일
2 ☐☐☐ⓞ
3 ㉠, ㉣
4 옷 개기, 내 방 청소하기, 동생 돌보기
5 ②

1 이 글은 집안일의 의미와 분담의 필요성, 우리가 할 수 있는 집안일에 대해 설명하는 글입니다.

2 집안일은 가족 구성원 모두가 함께 해야 하는 일입니다.

3 집안일은 종류가 많고 늘 반복적으로 해야 하므로 가족 구성원 모두가 역할을 나누어서 하면 금방 끝낼 수 있습니다.

4 요리는 아직 할 수 없다고 나와 있고, 숙제와 악기 연주는 집안일에 해당하지 않습니다.

5 ② 집안일을 하는 사람이 따로 정해져 있다는 생각을 버려야 한다고 하였습니다.

하루 어휘

• 64쪽

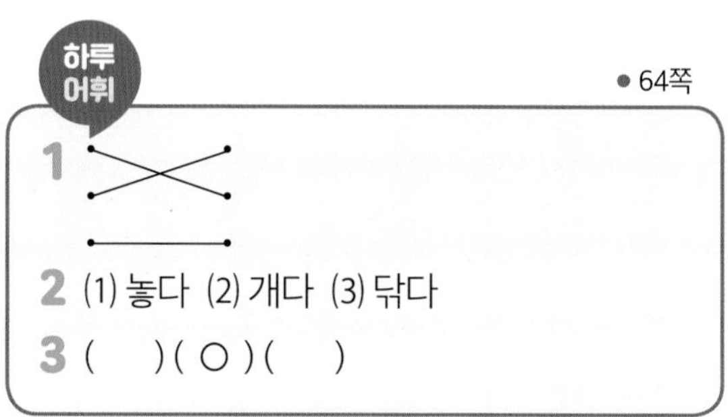

1 (선 잇기)
2 (1) 놓다 (2) 개다 (3) 닦다
3 ( )(○)( )

3 첫 번째 '나누다'는 '말이나 이야기, 인사 따위를 주고받다.'라는 뜻으로 쓰였고, 세 번째 '나누다'는 '여러 가지가 섞인 것을 구분하여 분류하다.'라는 뜻으로 쓰였습니다.

다양한 가족의 생활 모습

매체 독해

• 65쪽

★ 어떤 매체 자료일까요?

입양 가족이 보내는 파티 초대장입니다. 부부는 현경이라는 아기를 입양하여 한 가족을 이루게 된 것을 축하하는 파티에 사람들을 초대하고 있습니다.

1 ㉡
2 (1) ○ (2) × (3) ○

1 초대장에서 입양을 통해 가족을 이루게 되었다고 하였습니다.

2 (2) 초대장을 보면 20○○년 5월 11일은 입양을 축하하는 파티가 열리는 날짜입니다. 부부가 아기를 언제 입양하였는지는 확인할 수 없습니다.

글 독해

• 66~67쪽

★ 어떤 글일까요?

다양한 가족의 형태를 사례를 들어 제시하고, 변화된 가족의 의미를 설명한 글입니다.

★ 문단 요약

1문단	다양한 가족의 형태
2문단	다양한 가족의 모습
3문단	오늘날 변화된 가족의 의미

1 ④
2 ( )(○)( )
3
4 (1) ○ (2) ×
5 ③, ⑤

1 이 글은 다양한 가족의 모습을 소개하고 오늘날 달라지고 있는 가족의 의미를 설명하였습니다.

2 조손 가족은 부모 없이 조부모와 손자·손녀가 함께 사는 가족입니다.

3 요즘에는 사회가 변화하고 가치관이 다양해지면서 다양한 형태의 가족을 볼 수 있습니다.

4 (2) 핏줄로 이어지지 않아도 다양한 방식으로 가족을 이루기도 합니다.

5 ① 이 글에 등장한 가족의 형태는 다섯 가지이지만, 그게 전부가 아니라 가족의 형태는 점점 더 다양해지고 있습니다.
② 부모님이 돌아가셔도 조손 가족이나 입양 가족 등의 모습으로 가족을 이룰 수 있습니다.
④ 특정한 형태의 가족이 바람직하거나 바람직하지 않다고 생각하지 말아야 합니다.

하루 어휘

• 68쪽

1 (1) 전통적 (2) 인식 (3) 거주 (4) 다문화
2 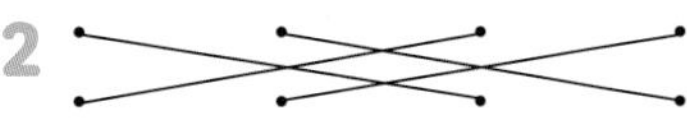
3 (1) 가까워지고 (2) 맡기고 (3) 받아들이는

2 첫 번째 그림의 할아버지와 손자를 나타내는 말은 '조손'이고, 두 번째 그림의 남자아이들을 나타내는 말은 '형제'입니다. 세 번째 그림의 엄마와 아들을 나타내는 말은 '모자'이고, 네 번째 그림의 아빠와 딸을 나타내는 말은 '부녀'입니다.

서로 다른 문화의 사람이 만나 이룬 가족, 다문화 가족

매체 독해

● 69쪽

★ **어떤 매체 자료일까요?**

다문화 가정과 관련된 공익 광고입니다. 다문화 가정의 다양함을 이해하며 배려하자는 내용을 담고 있습니다.

1 외국인 어머니의 이름을 쓸 수 있는 칸이 좁은 것
2 선하

1 공익 광고 속 아이의 어머니는 외국인인데, 어머니의 긴 이름에 비해 이름을 적는 칸이 좁아서 어려움을 겪고 있습니다.

2 다문화 가정의 다양함을 이해하며 배려하자는 내용을 담고 있는 공익 광고입니다.

글 독해

● 70~71쪽

★ **어떤 글일까요?**

다문화 가족의 의미와 다문화 가족의 구성원이 겪는 어려움, 다문화 가족을 대하는 바람직한 태도에 대해 설명한 글입니다.

★ **문단 요약**

1문단	다문화 가족의 의미와 현황
2문단	다문화 가족이 겪는 어려움
3문단	다문화 가족을 대하는 바람직한 태도

1 다문화 가족
2 (　)(　)(○)
3 ②
4 상준
5 ①

1 다문화 가족은 국적과 인종, 문화가 서로 다른 구성원으로 이루어진 가족을 의미합니다.

2 다문화 가족이 늘어나는 것은 세계화로 외국인과 만날 기회가 많아졌기 때문입니다.

3 다문화 가족은 다양한 문제로 어려움을 겪고 있습니다. ② 여가 시간의 부족은 이 글에 나와 있지 않습니다.

4 다문화 가족의 친구를 보고 발음을 이유로 놀리거나, 생긴 것이 다르다고 차별 대우를 해서는 안 됩니다.

5 ① 다문화 가족은 오늘날 가족 형태의 하나이므로 있는 그대로 받아들이면서 함께 어울려야 합니다.

하루 어휘

● 72쪽

1 (1) 국적 (2) 통계 (3) 차별 대우
2 (1) 틀리다 (2) 달라도
3 (1) 실망 (2) 무시 (3) 존중

3 (1) '실망하다'는 '바라던 일이 뜻대로 되지 않아 마음이 몹시 상하다.'라는 뜻이고, (2) '무시하다'는 '사람을 깔보거나 업신여기다.'라는 뜻입니다. (3) '존중하다'는 '높이어 귀중하게 대하다.'라는 뜻입니다.

신나는 퍼즐 퍼즐

● 73쪽

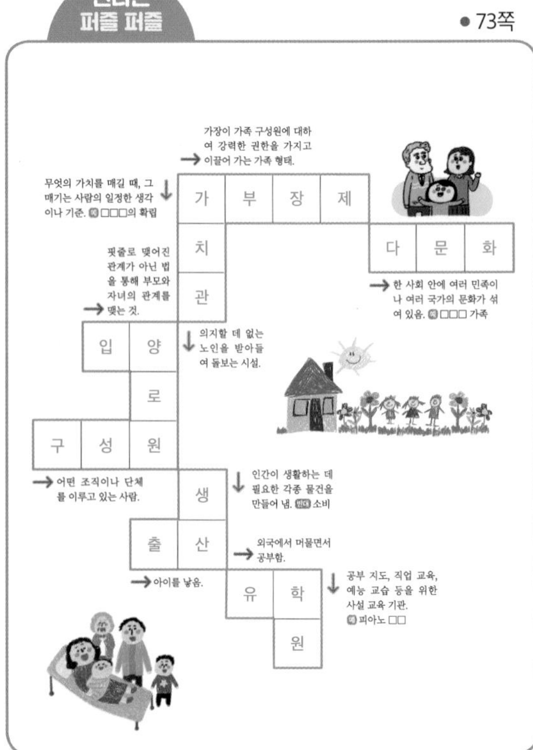

주제4 우리 동네, 우리 고장

우리 동네를 소개합니다

매체 독해 • 75쪽

★ **어떤 매체 자료일까요?**

지아가 블로그에 올린 글입니다. 새로운 동네로 이사를 가서 가족들과 동네 구경을 한 내용이 적혀 있습니다.

1 옷 가게, 주민 센터, 피아노 학원
2 ⑤

1 블로그 글에 나온 장소를 파악하는 문제입니다. 새로운 동네에는 주민 센터, 영화관, 옷 가게, 피아노 학원, 안과, 동물 병원, 슈퍼마켓이 있다고 하였습니다.

2 지아네 가족은 동네 구경을 마치고 집으로 돌아가는 길에 너무 더워서 슈퍼마켓에 들러 아이스크림을 사 먹었다고 하였습니다.

글 독해 • 76~77쪽

★ **어떤 글일까요?**

동네의 다양한 장소에는 어떤 곳들이 있는지 알려 주고 장소감의 의미와 다양성에 대해 설명한 글입니다.

★ **문단 요약**

1문단	'동네'라고 하면 떠오르는 것
2문단	동네의 다양한 장소
3문단	장소감의 의미와 다양성

1 시장, 학교, 도서관, 옷 가게
2 ㉠, ㉢
3 ⑤
4 ㉠ 경험, ㉡ 관심
5 ④

1 이 글에서 동네의 장소로 은행과 약국은 예로 들지 않았습니다.

2 우리가 사는 곳은 동네마다 그 모습이 서로 다릅니다. ㉡ 모든 동네에 산과 하천이 있는 것은 아닙니다.

3 ⑤ 3문단에서 같은 동네에 살면서 비슷한 경험을 하면 장소감이 비슷할 수도 있지만, 사람마다 경험하는 것과 관심 있는 것이 다르기 때문에 장소감이 다를 수 있다고 하였습니다.

4 사람마다 경험하는 것과 관심 있는 것이 다르므로 같은 장소라도 서로 다르게 느낄 수 있습니다.

5 ④ 이 글에 동네 지도를 보는 방법은 나오지 않았습니다.

하루 어휘 • 78쪽

1
2 (1) 병원 (2) 놀이터 (3) 우체국 (4) 소방서
3 (1) 낮다 (2) 좁다 (3) 크다

3 (2) '넓다'는 '면이나 바닥 따위의 면적이 크다.'라는 뜻이고, '좁다'는 '면이나 바닥 따위의 면적이 작다.'라는 뜻입니다.

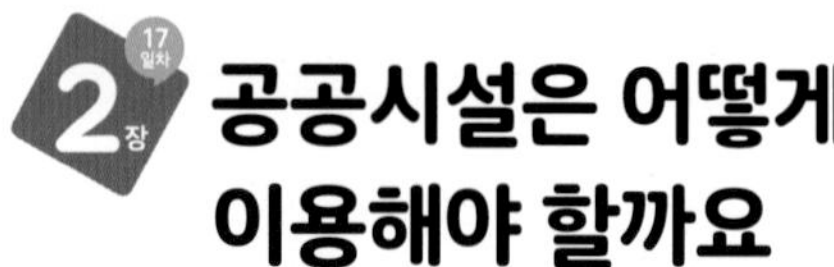

공공시설은 어떻게 이용해야 할까요

매체 독해

● 79쪽

★ 어떤 매체 자료일까요?

어린이 시장 선거 포스터입니다. 기호 1번 김미래 후보자가 생각하는 고장의 문제점과 이를 해결하기 위한 공약을 확인할 수 있습니다.

1 (1) × (2) ○
2 문화 회관, 자전거 보관소, 어린이 놀이터

1 (1) 김미래 후보는 우리 고장의 문제점으로 어린이를 위한 공공시설이 부족하다는 점을 제시하였습니다.

2 김미래 후보는 어린이 시장이 된다면 어린이 놀이터, 자전거 보관소, 문화 회관을 설치하겠다고 하였습니다.

글 독해

● 80~81쪽

★ 어떤 글일까요?

공공시설의 의미와 여러 가지 공공시설의 예, 공공시설의 이용 규칙을 설명한 글입니다.

★ 문단 요약

1문단	공공시설의 의미
2문단	여러 가지 공공시설
3문단	공공시설을 이용하는 규칙

1 공공시설
2 ⑤
3 ⑤
4 찬경
5 ④

1 공공시설은 지역 주민에게 편리함을 제공하고 지역 주민 누구나 자유롭게 이용할 수 있게 만든 시설입니다.

2 1문단에서 공공시설은 국가나 지방 자치 단체에서 만들고 관리한다고 하였습니다. ⑤ 학교는 공공시설입니다.

3 ⑤ 백화점은 여러 사람들이 이용하는 곳이지만 공공시설은 아닙니다.

4 3문단에서 공공시설의 이용 규칙을 확인할 수 있습니다. 박물관이나 미술관 등의 공공시설에서는 다른 사람의 관람을 방해하거나 전시 유물에 함부로 손대는 행동을 하면 안 됩니다.

5 ④ 공공시설은 국가나 지방 자치 단체에서 만들고 관리합니다.

하루 어휘

● 82쪽

1 (1) 공립 (2) 편의 (3) 관람 (4) 세금
2 (1) 반드시 (2) 반듯이
3 (1) 공개 (2) 공원 (3) 공연

1 (1) 기관이나 조직체 따위는 이를 만들고 관리하는 주체에 따라 국립·공립·사립으로 구분할 수 있습니다. '국립'은 나라에서 세우고 관리하는 것이고, '사립'은 개인이 세우고 관리하는 것입니다.

3장 18일차 사람들의 다양한 직업

매체 독해

• 83쪽

★ 어떤 매체 자료일까요?

초등학생 희망 직업에 대한 설문 결과입니다. 2007년과 2020년 초등학생들이 희망하는 직업을 상위 10위까지 확인할 수 있습니다.

1 (1) 3 (2) 4
2 (1) × (2) ○

1 2007년 초등학생 희망 직업 1위였던 교사는 2020년에 3위로 떨어졌고, 2007년 초등학생 희망 직업 4위였던 운동선수는 2020년에 1위가 되었습니다.

2 (1) 크리에이터는 2020년 4위에 해당하는 직업으로, 2007년에는 상위 10위 안에 들지 않았습니다.

글 독해

• 84~85쪽

★ 어떤 글일까요?

동네에서 볼 수 있는 다양한 직업을 설명하고, 성별과 시회 변화에 따른 직업의 변화 모습을 설명한 글입니다.

★ 문단 요약

1문단	다양한 직업의 종류
2문단	옛날과 오늘날의 성별에 따른 직업
3문단	사회 변화에 따른 직업의 변화

1 직업
2 ㉣
3 (1) ○ (2) ×
4
5 ④

1 이 글은 직업에 대해 설명하는 글입니다.

2 ㉠ 의사는 아픈 곳을 치료해 주는 사람, ㉡ 회사원은 회사에서 일하는 사람, ㉢ 환경미화원은 거리를 깨끗하게 청소하는 사람입니다.

3 옛날에는 성별에 따라 직업을 구분 짓는 일이 많았지만 오늘날에는 성별에 따른 직업의 구분이 없어지고 있습니다.

4 3문단에서 사라진 직업과 과학 기술과 사회의 발전으로 새로 생겨난 직업을 설명하였습니다.

5 ④ 옛날에는 교사나 간호사를 주로 여자가 가지는 직업이라고 여겼지만, 오늘날에는 남녀가 평등하다는 의식이 높아지면서 직업을 성별로 구분하는 것이 사라지고 있습니다.

하루 어휘

• 86쪽

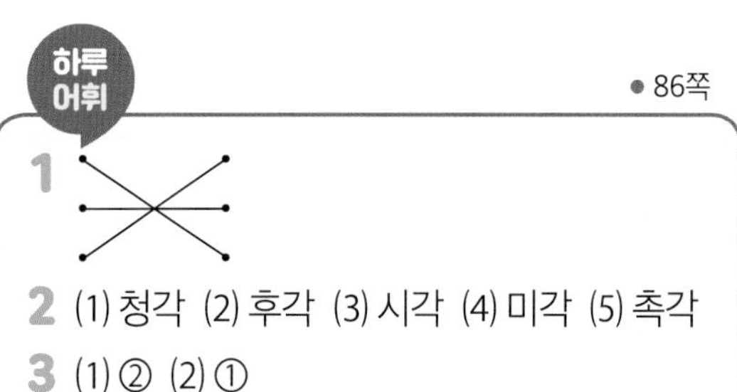

1
2 (1) 청각 (2) 후각 (3) 시각 (4) 미각 (5) 촉각
3 (1) ② (2) ①

2 소리를 느끼는 감각은 '청각', 냄새를 맡는 감각은 '후각', 눈을 통해 빛의 자극을 받아들이는 감각은 '시각', 맛을 느끼는 감각은 '미각', 물건이 피부에 닿아서 느껴지는 감각은 '촉각'입니다.

이웃끼리 지켜야 할 예절

매체 독해 ● 87쪽

★ 어떤 매체 자료일까요?

층간 소음에 대한 카드 뉴스입니다. 층간 소음의 뜻, 영향, 원인이 나와 있습니다.

1 (1) × (2) ○ (3) ○
2 ⑤

1 (1) 층간 소음은 건강과 성격 형성에 안 좋은 영향을 준다고 나와 있습니다.

2 층간 소음의 원인을 나타낸 그래프에서 '아이들이 뛰거나 걷는 소리'가 72%로 층간 소음의 가장 큰 원인이 된다는 것을 알 수 있습니다.

글 독해 ● 88~89쪽

★ 어떤 글일까요?

이웃의 의미에 대해 설명하고 이웃끼리 지켜야 할 예절을 다양한 측면에서 알려 주는 글입니다.

★ 문단 요약

1문단	이웃의 의미와 예절의 중요성
2문단	이웃 간 인사와 호칭 예절
3문단	이웃 간 생활 예절

1 ③
2 ( )( )(○)
3 성훈
4 ④
5 ②

1 이 글의 중심 낱말은 '이웃'으로, 이웃의 의미와 예절의 중요성, 이웃 간 지켜야 할 예절에 대해 이야기하고 있습니다.

2 또래나 아랫사람에게는 손을 흔들며 인사하고, 어른께는 허리를 굽혀 공손히 인사해야 한다고 하였습니다.

3 이웃끼리는 사생활 보호하기, 집 주변 깨끗이 하기 등 예절을 지켜야 합니다.

4 ④ 웃어른께는 높임말을 사용해야 합니다.

5 이웃의 의미와 이웃 간에 지켜야 할 인사와 호칭 예절, 생활 예절에 대해 설명하였습니다. ② 이웃과 친척의 차이를 설명하지는 않았습니다.

하루 어휘 ● 90쪽

1 (1) 사생활 (2) 웃어른 (3) 교류
2 (1) 진지 (2) 댁 (3) 말씀 (4) 연세
3 (1) 어수선하다 (2) 공손하다 (3) 여유롭다

3 (1) '어수선하다'는 '사물이 가지런하지 아니하고 마구 헝클어져 있다.'라는 뜻이고, (2) '공손하다'는 '말이나 행동이 겸손하고 예의 바르다.'라는 뜻입니다. (3) '여유롭다'는 '느긋하고 차분하게 생각하거나 행동하다.'라는 뜻입니다.

이제부터 나도 우리 고장 환경 지킴이

매체 독해

• 91쪽

★ 어떤 매체 자료일까요?

플로깅 참가자를 모집하는 포스터입니다. 플로깅을 함께하며 고장의 환경을 지키자고 하였습니다.

1 ①
2 ④

1 ① 플로깅은 2016년 스웨덴에서 처음 시작해 전 세계로 확산되었다고 하였습니다.

2 플로깅을 하기 위한 준비물로는 에코백 또는 종량제 봉투, 장갑, 집게가 있습니다.

글 독해

• 92~93쪽

★ 어떤 글일까요?

우리 고장의 환경을 지키기 위한 방법으로 친환경적인 생활 실천 방법, 생활 폐기물 배출 방법, 녹색 소비자로서 실천하는 방법 등을 제시한 글입니다.

★ 문단 요약

1문단	친환경적인 생활 실천 방법
2문단	생활 폐기물 배출 방법
3문단	녹색 소비자의 의미와 녹색 소비자의 태도

1 ①
2 ㉡
3 ☐ ☐ ○
4 태유
5 ①

1 이 글은 고장의 환경을 지키기 위한 다양한 방법을 설명하고 있습니다.

2 휴지 대신 손수건을 사용하고, 설거지할 때에는 세제 사용을 줄여야 한다고 하였습니다.

3 생활 폐기물을 버릴 때에는 서로 다른 재질을 분리하고 내용물을 씻어 낸 뒤에 배출해야 합니다.

4 친환경적인 소비에 참여하기 위해서 물건을 살 때 환경 마크가 붙은 제품을 살 수 있습니다.

5 ① 음식물 쓰레기는 일반 쓰레기와 잘 분류해서 버려야 한다고 하였습니다.

하루 어휘

• 94쪽

1 (1) 재활용품 (2) 수질 오염 (3) 생활 폐기물
2 (1) 껍질 (2) 껍데기 (3) 껍질 (4) 껍데기
3 (1) 김 + 밥 (2) 닭 + 고기 (3) 손 + 수건

2 귤과 양파는 얇은 껍질로 싸여 있고, 계란과 조개는 단단한 껍데기로 싸여 있습니다.

신나는 퍼즐 퍼즐

• 95쪽

웃	민	장	소	감	새	비	리
어	구	회	인	가	활	민	중
른	자	사	이	웃	용	대	수
별	연	예	의	원	품	화	장
스	환	동	또	사	난	세	금
족	경	생	하	경	방	상	은
영	잔	은	공	공	시	설	동

힌트

❶ 땅의 생김새나 날씨 등 자연적으로 만들어진 것. — 자연환경
❷ 다양한 장소에 대해 가지는 저마다 다른 생각과 느낌. — 장소감
❸ 지방 자치 단체에서 지역 주민들이 편리한 생활을 위해 만들고 관리하는 시설. — 공공시설
❹ 나라 살림에 쓰기 위하여 국민으로부터 걷는 돈. — 세금
❺ 가까운 거리에 살고 있으며 우리 가족과 교류가 있는 사람. — 이웃
❻ 나이나 지위, 신분 따위가 자기보다 높아 모시는 어른. — 웃어른
❼ 특별한 방법으로 손질하고 다른 방식으로 되살려 사용하는 물건. — 재활용품

주제5 세계의 여러 나라

세계 여러 나라의 국기

매체 독해 • 97쪽

★ **어떤 매체 자료일까요?**

세계 여러 나라의 크기를 나타낸 지도입니다. 우리나라의 크기뿐만 아니라 세계에서 가장 큰 나라와 가장 작은 나라의 크기도 알 수 있습니다.

1 (1) 러시아 (2) 바티칸 시국
2 ①, ⑤

1 세계에서 나라의 크기가 가장 큰 나라는 러시아이고, 가장 작은 나라는 바티칸 시국이라고 하였습니다.

2 ② 중국보다 캐나다가 나라의 크기가 더 큽니다. ③ 가이아나, 바티칸 시국 등은 우리나라보다 나라의 크기가 작습니다. ④ 오스트레일리아는 인도보다 나라의 크기가 더 큽니다.

글 독해 • 98~99쪽

★ **어떤 글일까요?**

세계의 국기에 대한 글로, 국기의 의미, 모양과 상징, 색깔에 담긴 뜻을 설명하고 있습니다.

★ **문단 요약**

1문단 국기의 모양과 상징

2문단 국기의 색깔에 담긴 뜻

1 ②
2 ㉡
3
4 (1) 자유 (2) 평등 (3) 박애
5 ②

1 이 글은 국기의 모양과 상징, 색깔 등에 대해 설명하고 있습니다.

2 ㉠ 미국의 국기에는 50개의 주를 상징하는 별 50개가 그려져 있고, 단풍잎이 크게 그려져 있는 것은 캐나다의 국기입니다. ㉢ 아르헨티나의 국기에는 '5월의 태양'이라는 문장이 새겨져 있습니다.

3 2문단에서 국기에 사용되는 색깔에 담겨 있는 다양한 의미를 설명하였습니다.

4 프랑스 삼색기의 파란색은 자유, 하얀색은 평등, 빨간색은 박애를 상징한다고 하였습니다.

5 ② 국기는 국가의 종교를 나타내기도 하지만, 종교가 같다고 해서 국기의 모양이 모두 같은 것은 아닙니다.

하루 어휘 • 100쪽

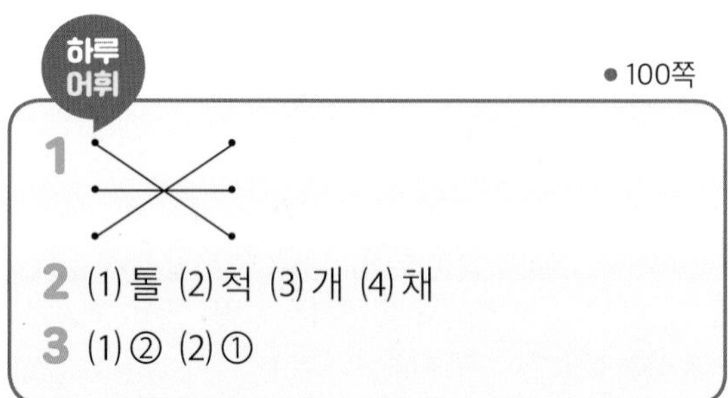

1
2 (1) 톨 (2) 척 (3) 개 (4) 채
3 (1) ② (2) ①

2 (1) '톨'은 '밤이나 곡식의 낱알을 세는 단위'이고, (2) '척'은 '배를 세는 단위'이며, (3) '개'는 '낱으로 된 물건을 세는 단위'입니다. (4) '채'는 '집을 세는 단위'입니다.

젓가락을 사용하는 국가들

매체 독해 • 101쪽

★ **어떤 매체 자료일까요?**

박물관 누리집에서 '청동 젓가락'을 검색한 결과입니다. 해당 유물의 자세한 정보를 확인할 수 있습니다.

1 무령왕릉
2 (1) 국립공주 (2) 금속 (3) 고려

1 검색 결과 속 청동 젓가락은 무령왕릉에서 출토된 청동으로 만든 젓가락으로, 우리나라에서 가장 오래된 젓가락이라고 하였습니다.

2 무령왕릉에서 출토된 청동 젓가락은 우리나라에서 발견된 가장 오래된 젓가락으로 금속으로 만들어졌고, 현재 국립공주박물관에 소장되어 있습니다. 청동 젓가락 가운데에는 손잡이 부분에 둥근 고리를 만들어 고려 시대의 젓가락과 같이 끈으로 묶을 수 있도록 하였습니다.

글 독해 • 102~103쪽

★ **어떤 글일까요?**

우리나라, 중국, 일본 모두 젓가락을 사용하지만 젓가락 모양은 각각 다르다는 것을 알려 주는 글입니다.

★ **문단 요약**

1문단	우리나라, 중국, 일본의 젓가락 사용 문화
2문단	우리나라, 중국, 일본의 젓가락 모양

1 젓가락
2 (1) × (2) ○
3 선하
4 ②
5 ⑤

1 우리나라, 중국, 일본은 모두 음식을 먹을 때 젓가락을 사용하는 공통점이 있다고 하였습니다.

2 (1) 1문단에서 젓가락은 고대 중국에서 가장 먼저 사용하였고, 이후 우리나라와 일본에 전해졌다고 하였습니다.

3 우리나라가 금속으로 만든 젓가락을 사용하는 까닭은 무게가 있는 반찬을 잘 집을 수 있고, 김치 같은 절인 음식을 많이 먹기 때문에 국물이 스며들지 않는 것이 좋기 때문입니다.

4 일본은 섬나라여서 생선 요리를 많이 먹기 때문에 생선 가시를 편하게 바를 수 있도록 끝이 뾰족한 젓가락을 사용합니다.

5 ① 우리나라, 중국, 일본은 음식 문화가 달라 젓가락 모양이 다릅니다. ②는 이 글에서 알 수 없는 내용입니다. ③ 끝이 뾰족한 나무로 된 젓가락은 일본에서 주로 사용하며, ④ 큰 식탁에 둘러앉아 음식을 한가운데 두고 먹는 나라는 중국입니다.

하루 어휘 • 104쪽

1 (선 잇기)
2 (1) 저리다 (2) 절이다
3 (1) 뭉툭한 (2) 뾰족한 (3) 길쭉한

2 '저리다'는 '뼈마디나 몸의 일부가 오래 눌려서 피가 잘 통하지 못하여 감각이 둔하고 아리다.'라는 뜻입니다.

3장 23일차 한여름의 크리스마스

매체 독해

• 105쪽

★ 어떤 매체 자료일까요?

오스트레일리아에 사는 신디가 대한민국에 사는 미래에게 보낸 편지입니다. 신디는 미래에게 크리스마스를 어떻게 보냈는지 이야기하고 있습니다.

1 ②
2 ③

1 누군가에게 안부, 소식, 용무 따위를 적어 보내는 글을 '편지'라고 합니다.

2 ① 오스트레일리아의 크리스마스는 여름 날씨입니다. ② 신디가 전학을 갔다는 내용은 글에 나오지 않습니다. ④ 신디와 미래는 크리스마스를 따로 보냈습니다. ⑤ 신디가 있는 오스트레일리아의 시드니는 크리스마스에 땀이 뻘뻘 날 정도로 무척 더웠습니다.

글 독해

• 106~107쪽

★ 어떤 글일까요?

오스트레일리아의 크리스마스 날씨와 풍경에 대해 설명하고, 북반구와 남반구의 계절이 다른 까닭을 알려 주는 글입니다.

★ 문단 요약

1문단	오스트레일리아의 크리스마스 날씨
2문단	오스트레일리아의 크리스마스 풍경
3문단	북반구와 남반구의 계절 차이

1 ㉠, ㉣
2 (○)(○)(　)
3 현경
4 ①

1 이 글은 우리나라와 오스트레일리아의 크리스마스 풍경이 다름을 알려 주고, 이러한 차이가 북반구와 남반구의 계절 차이에서 비롯된다고 설명하고 있습니다.

2 2문단에서 오스트레일리아에서는 한여름에 크리스마스를 보내기 때문에 모래로 눈사람 모양을 만들거나 바다에서 서핑을 즐긴다고 하였습니다.

3 북반구와 남반구의 계절 차이는 지구가 기울어진 채로 태양 주위를 돌기 때문에 나타납니다.

4 ①은 이 글을 통해 알 수 있는 내용이 아닙니다.

하루 어휘

• 108쪽

1 (1) 풍경 (2) 남반구 (3) 서핑
2 (1) 덜덜 (2) 쌩쌩 (3) 쾅쾅 (4) 쨍쨍
3 (1) 모래 / 모레 (2) 새우고 / 세우고 (3) 채 / 체

2 (1) '덜덜'은 '춥거나 무서워서 몸을 몹시 떠는 모양'을 나타내는 말이고, (2) '쌩쌩'은 '사람이나 물체가 바람을 일으킬 만큼 잇따라 빠르게 움직일 때 나는 소리. 또는 그 모양'을 나타내는 말입니다. (3) '쾅쾅'은 '무겁고 단단한 물체가 잇따라 바닥에 떨어지거나 다른 물체와 부딪쳐 울리는 소리'를 나타내는 말이고, (4) '쨍쨍'은 '햇볕 따위가 몹시 내리쬐는 모양'을 나타내는 말입니다.

알록달록 세계의 옷

매체 독해 ● 109쪽

★ 어떤 매체 자료일까요?

☆☆ 모자 백화점의 광고지입니다. 광고지에는 세계 여러 나라의 모자가 소개되어 있습니다.

1 ㉠
2 ④

1 ㉡ 러시아의 우샨카는 동물의 털로 만든 모자입니다. ㉢ 이란의 히잡은 이슬람 나라에서 여자들이 쓰는 두건입니다.

2 프랑스의 토크 블랑슈는 요리사가 요리를 할 때 쓰는 모자라고 하였습니다.

글 독해 ● 110~111쪽

★ 어떤 글일까요?

베트남, 인도, 일본, 케냐, 멕시코, 스코틀랜드, 그리고 이누이트의 전통 복장을 예로 들어 세계의 다양한 옷차림을 설명하고 있습니다.

★ 문단 요약

1문단	베트남, 인도, 일본의 전통 복장
2문단	케냐, 멕시코, 스코틀랜드, 이누이트의 전통 복장

1 ③
2 기후, 종교, 지형, 풍습
3 (1) 베트남 (2) 일본 (3) 인도
4 (선 잇기)
5 ②

1 이 글에서는 나라마다 특색이 있는 다양한 전통 복장을 소개하고 있습니다.

2 '경제'와 '면적'은 나라마다 옷차림이 다른 까닭으로 언급되지 않았습니다.

3 (1) 베트남에서는 옆이 트여 있는 긴 상의의 아오자이와 원뿔형의 모자인 논을, (2) 일본에서는 넓고 긴 소매, 화려한 문양과 색깔의 기모노를, (3) 인도에서는 한 장의 천을 허리에 감고 어깨에 걸친 사리를 입습니다.

4 각 전통 복장에 대한 설명은 2문단에서 확인할 수 있습니다.

5 ② 킬트는 스코틀랜드에서 남자들이 전통적으로 입는 체크무늬의 치마를 부르는 말이라고 하였습니다.

하루 어휘 ● 112쪽

1 (1) 챙 (2) 풍습 (3) 장신구
2 (1) 메다 (2) 매다
3 (　)(○)(　)

2 '메다'는 '어깨에 걸치거나 올려놓다.'라는 뜻이고, '매다'는 '끈이나 줄 따위의 두 끝을 엇걸고 잡아당기어 풀어지지 아니하게 마디를 만들다.'라는 뜻입니다.

25일차 5장

이런 곳에도 집이 있다고요

매체 독해

• 113쪽

★ 어떤 매체 자료일까요?

이글루에 대한 신문 기사입니다. 오늘날 이누이트가 더 이상 이글루에 살지 않는 까닭이 나와 있습니다.

1 이누이트
2 ④

1 이글루는 북극 지방에 사는 이누이트가 얼음으로 만든 집입니다.

2 ④ 오늘날에는 사냥꾼들이 스노모빌과 셔틀버스를 이용해 사냥을 나가기 때문에 이글루를 지을 필요가 없어졌다고 하였습니다.

글 독해

• 114~115쪽

★ 어떤 글일까요?

이 글은 세계 여러 나라의 다양한 집을 소개하고 있습니다.

★ 문단 요약

1문단	러시아, 파푸아 뉴기니의 집
2문단	몽골, 그리스, 터키의 집

1 ④
2 (1) × (2) × (3) ○
3 ④
4 ( )( )(○)
5 ⑤

1 이 글은 세계 여러 나라의 다양한 집에 대해 소개하고 있습니다.

2 고상 가옥은 나무 기둥을 세워 바닥을 땅으로부터 떨어지게 지은 집입니다. (1)은 러시아의 이즈바, (2)는 수상 가옥에 대한 설명입니다.

3 유목은 물과 풀을 찾아 이동하며 가축을 기르는 것을 말합니다.

4 터키의 동굴집은 바위 속을 파서 지은 집입니다. 첫 번째 집은 러시아의 이즈바(통나무집)이고, 두 번째 집은 그리스의 하얀 벽 집입니다.

5 ⑤ 이 글에는 이집트의 진흙 집에 대한 내용은 나와 있지 않습니다.

하루 어휘

• 116쪽

1 (1) 침입 (2) 통나무 (3) 가축 (4) 화산
2 (1) 폭신하다 (2) 단단하다 (3) 따끔하다
3 (1) 곰곰이 (2) 빽빽이

3 (1) '곰곰이'는 '여러모로 깊이 생각하는 모양'을 나타내는 말이고, (2) '빽빽이'는 '사이가 촘촘하게'라는 뜻입니다.

신나는 퍼즐 퍼즐

• 117쪽

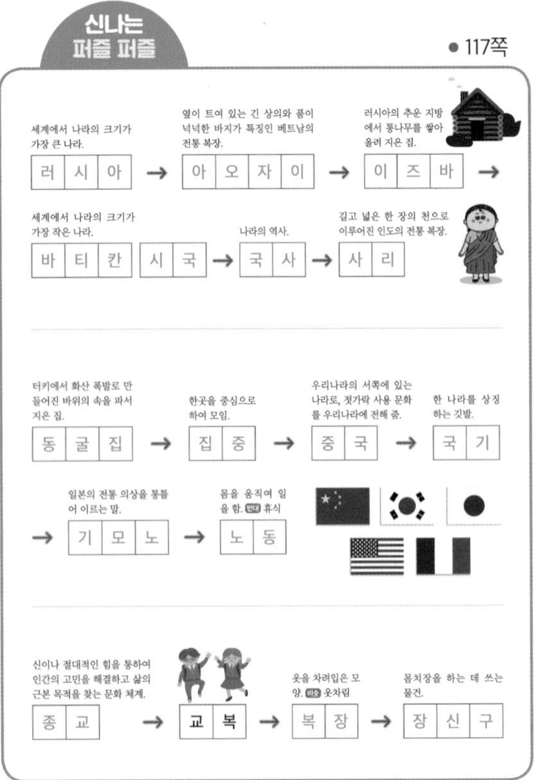

메모

메모